教育・保育現場で役立つ

情報科学入門

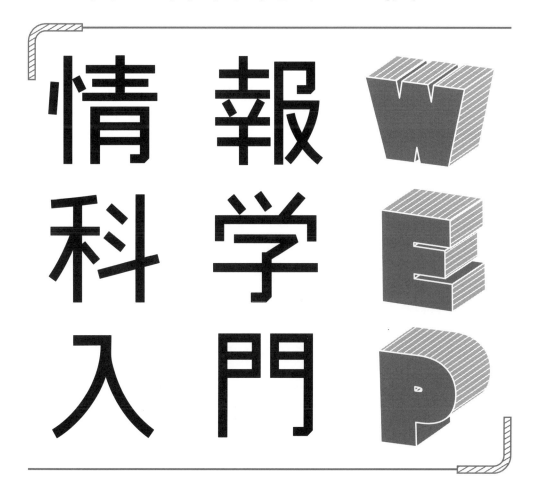

田畑 忍・太田直樹 編著

玉川大学出版部

はじめに

　本書は、主に小中高等学校の教員と保育士を目指す学生を対象とし、Microsoft Office 製品を利用して、「何かを誰かに伝える（説明する）」ことを想定し執筆したものです。また、それに関連して、教育に携わる人が知っておくべき近年のデータサイエンス（情報科学）の動向やその活用方法、プログラミング教育についても説明しています。

　第 2 〜 4 章は見本をベースに説明していますが、本文に沿って学修を進めれば見本と同じものが作成できるといった構成にはなっていません。各節や Column では、見本にあるポイントなどを実現するための方法について説明していますので、たとえば「対象学年の子どもたちのためにルビの振り方を知りたい」「A と B の関連をわかりやすく示すためのグラフの作成方法を知りたい」「インタラクティブな授業を展開するためのアニメーションの設定方法を知りたい」など、Word や Excel、PowerPoint で「自身が求めるものを作成する方法を探すためのもの」として活用してほしいと思っています（≒見本の下にある節のページや目次にある Column のページなどを活用してください）。

　「わかる授業」を実現するためには教員の ICT 活用指導力の向上が欠かせないとして、文部科学省は毎年、公立学校の全教員を対象に「教員の ICT 活用指導力チェックリスト」を用いた調査を実施しています。本書の第 1 章でも説明していますが、そこには「A-3　授業に必要なプリントや提示資料、学級経営や校務分掌に必要な文書や資料などを作成するために、ワープロソフト、表計算ソフトやプレゼンテーションソフトなどを活用する」、「C-3　児童生徒がワープロソフト・表計算ソフト・プレゼンテーションソフトなどを活用して、調べたことや自分の考えを整理したり、文章・表・グラフ・図などに分かりやすくまとめたりすることができるように指導する」などの質問項目があり、教員はそれらについて「できる」「ややできる」「あまりできない」「ほとんどできない」で回答します。先の予測が難しいこれからの社会を生きる子どもたちにとって、ICT を必要に応じて利活用できる能力は必須です。子どもたちの効果的な学びを実現するための道具として、教員にも ICT を積極的に活用することが求められているのです。

　なお、本書の第 1 章は「データサイエンス（情報科学）と教育・保育」として、データサイエンスの現状や利活用の方法などについて説明しています。学生として、また、教員や保育士として何が求められているのかについて深く、広く考えてほしいと思います。

　第 2 章では Word を取り上げています。みなさんは将来、子どもたちや保護者に学級通信や園だより、掲示物などを通して、学校や園での日々の様子や行事の進行などを伝えるようになると思います。そのような「お知らせ文書」を作成するときに（教員として・保育士として・社会人として）必要になるポイントについ

iii

て、学修してほしいと思います。

　第3章ではExcelを取り上げています。小学校の教員を目指す人は将来、学習指導の場面で児童にグラフの作成方法などを説明しなければなりませんし、教員や保育士を目指す人は「お知らせ文書」などでグラフや表を挿入する場面は多いと思います。また、関数を利用することにより児童生徒の成績を処理して、学習状況を客観的に把握することも必要になってくるかと思います。関数に慣れていない人にとっては難しいかもしれませんが、将来の効果的な学習指導のために、しっかり学修してほしいと思います。

　第4章ではPowerPointを取り上げています。実際の授業ではデジタル教科書の利用が多くなるかもしれませんが、自身の授業展開に合わせようと思ったときには授業スライドを自作することが考えられます。また、子どもたちの描いた絵をPCに取り込み、アニメーションを設定してデジタル紙芝居を作成することも保育の場面では考えられると思います。それらを動画にして、繰り返し利用することや配布なども考えられます。ICTを日常的に活用する一方法として、取り組んでもらえればと思います。

　第5章ではScratchを取り上げています。子どもたちは高校の「情報」の授業で、PythonやJavaScriptなどを利用したプログラミングを学習しますが、その前段階（幼小中学校など）では、ビジュアルプログラミング言語などを利用してプログラミングを学習すると思います（≒教員には、様々な科目や場面でプログラミング的思考を育むことが求められると思います）。本書では、プログラミング的思考やプログラミング教育がなぜ求められているのかについても説明していますので、Scratchでのプログラミングと合わせて理解を深めてもらえればと思います。

　なお、本書では、「●」「○」「◇」といった記号を利用しています。「●」は本文中の、「○」はColumnの説明時に利用し、「◇」は補足などの際に利用しています。また、Macでの操作についても説明していますので、必要に応じて確認してください。

　なお、本書の第2〜4章で説明している見本とExcelのデータなどについては、以下のURLのページからダウンロードすることが可能です。必要に応じて利用してください。

＊著作権の関係から、一部の画像などについては文字列で置き換えています。ご了承ください。

https://www.tamagawa-up.jp/book/b10131788.html

目　　次

はじめに

1章　データサイエンス（情報科学）と教育・保育 ……………1

データサイエンス（情報科学）の動向と情報リテラシー ………………2
データサイエンスとデータ分析、教育・保育への利活用 ………………13
情報倫理と著作権 ……………………………………………17

 Column 1 情報科学に関する用語の解説 2
 Column 2 現在の AI は万能？ 7
 Column 3 Ed Tech 13
 Column 4 ロボットは東大に入れるか？　東ロボくんの開発
  と子どもたちの読解力 17

2章　Word ……………………………………………27

Word の画面の構成 …………………………………………28
Word の主なリボン …………………………………………28
Word の見本（1）……………………………………………30
Word の見本（2）……………………………………………31
Word の文書作成 ……………………………………………32
文字の位置揃えの設定 ………………………………………35
［均等割り付け］の設定 ……………………………………36
［フォント］の設定 …………………………………………37
［行と段落の間隔］の設定 …………………………………39
［箇条書き］と［段落番号］の設定 ………………………41
［タブ］と［リーダー］の設定 ……………………………43
［インデント］の設定 ………………………………………45
［ワードアート］の挿入 ……………………………………47
［ページの背景］の設定 ……………………………………48
［ページ罫線］の設定 ………………………………………50
［表］の作成 …………………………………………………51
［ルビ］の作成 ………………………………………………53
［ヘッダー］の挿入 …………………………………………55
［段落背景色］の設定 ………………………………………57
［段組み］の設定 ……………………………………………58

［SmartArt］の挿入 …………………………………………………… 59

［図形］の挿入 …………………………………………………………… 61

［テキストボックス］の挿入 ………………………………………… 64

［画像］の挿入 …………………………………………………………… 67

画像の背景の削除 ……………………………………………………… 70

文書の校閲と共同編集 ………………………………………………… 73

Column 5　リボンとタブについて　29

Column 6　リボンの操作　29

Column 7　文字入力と文字校正　32

Column 8　背景色を変更したのに印刷されないときの対処法（Mac の
　　　　　　場合を含む）　33

Column 9　背景を画像に変更したのに小さく印刷されるときの
　　　　　　対処法（Mac の場合を含む）　33

Column 10　スクリーンショット（画像の保存）：Windows の場合　34

Column 11　ビジネス文書の基礎　35

Column 12　［左揃え］と［両端揃え］の違い　36

Column 13　［フォント］の名前　37

Column 14　スクリーンショット（画像の保存）：Mac の場合　38

Column 15　行間の設定　40

Column 16　メモ帳　40

Column 17　新しい番号書式の定義　41

Column 18　右クリック：Mac の場合　42

Column 19　インデントの詳細設定　45

Column 20　左右のインデントについて　46

Column 21　キーボードショートカット　46

Column 22　ワードアートのカスタマイズ　47

Column 23　挿入した画像の解像度の調整（Mac の場合を含む）　48

Column 24　［透かし］の挿入とそのメリット（Mac の場合を含む）　49

Column 25　ショートカット：Mac の場合　50

Column 26　［テーブルデザイン］タブと［レイアウト］タブ　51

Column 27　セルの並べ替え　51

Column 28　任意のルビを振る一方法　53

Column 29　囲い文字と囲み線　54

Column 30　フッターの挿入　55

Column 31　文書の顔と足元を整える　55

Column 32　貼り付けのオプション　56

Column 33　文書の可読性と魅力を高める　57

目　次

Column 34　段組みの詳細設定　58

Column 35　段組みのメリット　58

Column 36　SmartArt の主な特徴　59

Column 37　［吹き出し］への文字入力　62

Column 38　図形の種類　62

Column 39　図形の整形　62

Column 40　さまざまな矢印の挿入　63

Column 41　テキストボックスの［塗りつぶし］と［線］について　64

Column 42　グループ化　65

Column 43　図形の書式　66

Column 44　文字列の折り返し（Mac の場合を含む）　68

Column 45　自身で描いたイラストの取り込み　69

Column 46　背景色の削除（透明化）（1）　70

Column 47　背景色の削除（透明化）（2）　71

Column 48　画像の透明度の変更　71

Column 49　トリミング　71

Column 50　モザイクの挿入　72

Column 51　エクスポート（Mac の場合を含む）　74

Column 52　拡張子（Mac の場合を含む）　74

Column 53　PDF への変換（Mac の場合を含む）　75

Column 54　互換性の確保（Mac の場合を含む）　76

3 章　Excel ……………………………………………………………77

Excel の画面の構成 ……………………………………………78
Excel の主なリボン ……………………………………………78
Excel の見本 ………………………………………………………79
ブックの新規作成とデータ入力 ……………………………82
四則計算（数式の入力）………………………………………86
数式のコピー ……………………………………………………87
連続番号の入力 …………………………………………………88
簡単な計算 ………………………………………………………90
［罫線］・［塗りつぶし］の設定 ………………………………91
セルの結合とセル内の配置 …………………………………92
表の印刷 …………………………………………………………94
ブックを閉じる（保存）………………………………………97
〈統計グラフの作成〉……………………………………………98
棒グラフの作成 …………………………………………………98

vii

円グラフの作成 ……………………………………………………………… 101

複合グラフの作成 …………………………………………………………… 104

〈関数の利用〉………………………………………………………………… 106

参照（相対参照・絶対参照）……………………………………………… 106

基本の関数 …………………………………………………………………… 109

相対参照と絶対参照の使い分け ………………………………………… 110

順位を求める関数、条件判断をする関数 ……………………………… 111

条件による集計 ……………………………………………………………… 112

発展的な分析 ………………………………………………………………… 113

条件付き書式の設定 ……………………………………………………… 114

相関係数の算出 ……………………………………………………………… 116

散布図の作成と近似曲線の表示 ………………………………………… 118

発展：Excel を使って、不定形の面積を求める ……………………… 119

Column 55　列の幅や行の高さを変更する方法　82

Column 56　データの確定とアクティブセルの移動に用いるキー　83

Column 57　シートの追加　83

Column 58　セル範囲の選択　84

Column 59　データのコピー・移動・消去　85

Column 60　数式を直接入力する方法以外で入力する方法　86

Column 61　オートフィル機能の利用（1）　87

Column 62　オートフィル機能の利用（2）　88

Column 63　R1C1 形式による数式コピーの説明（Mac の場合を含む）　89

Column 64　表示モードの変更　90

Column 65　フォントなどの変更　91

Column 66　行や列の挿入と削除　92

Column 67　印刷設定：拡大縮小（Mac の場合を含む）　95

Column 68　ページレイアウトモードでのヘッダーとフッターの追加　95

Column 69　拡大・縮小印刷する方法　96

Column 70　グラフの移動　98

Column 71　グラフフィルターの利用　100

Column 72　グラフの構成要素と編集　102

Column 73　おすすめのグラフ　103

Column 74　統計グラフの種類と用途　103

Column 75　統計グラフの選び方　105

Column 76　複合参照：複数の部分に絶対参照の設定をする　106

Column 77　相対参照・絶対参照後の数式の確認　107

Column 78 関数の入力方法　107

Column 79 各関数の意味（1）　109

Column 80 比率や割合の考え方　110

Column 81 数式のコピーをしたときの書式のコピー　110

Column 82 各関数の意味（2）　111

Column 83 条件付き書式　111

Column 84 文字列や数値範囲などを検索条件にする場合　112

Column 85 セルに表示されるエラー表示　113

Column 86 偏差値と標準偏差の関係　114

Column 87 標準偏差の意味　115

Column 88 相関の強さ　117

Column 89 相関関係と因果関係の違い　117

Column 90 箱ひげ図の作成　117

4章　PowerPoint ……………………………………………121

PowerPoint の画面の構成 …………………………………………122

PowerPoint の主なリボン …………………………………………122

PowerPoint の見本 …………………………………………………123

スライドの追加 ………………………………………………………125

スライドの［テーマ］の設定 ………………………………………126

［開始］のアニメーションの設定 …………………………………128

［強調］のアニメーションの設定 …………………………………130

［終了］のアニメーションの設定 …………………………………132

［タイミング］の［開始］の設定 …………………………………133

［タイミング］の［継続時間］の設定 ……………………………135

［タイミング］の［遅延］の設定 …………………………………136

［画像の挿入］（PC に保存している画像の利用）…………………137

［SmartArt］の挿入 …………………………………………………139

［SmartArt］のアニメーションの設定 ……………………………139

［画面切り替え］の設定 ……………………………………………141

［開始のタイミング］の設定①（［開始］のアニメーションの場合）…142

［開始のタイミング］の設定②（［終了］のアニメーションの場合）…144

［リンク］の挿入 ……………………………………………………146

スライドショーの開始 ………………………………………………147

グラフの挿入 …………………………………………………………150

グラフアニメーションの設定 ………………………………………151

動画の作成 ……………………………………………………………153

Column 91 ［スライド一覧］など、プレゼンテーションの表示
モード　125

Column 92 スライドの順の変更　125

Column 93 背景の書式設定　126

Column 94 PowerPoint でルビ（ふりがな）を振る方法　127

Column 95 PowerPoint のスライドのサイズ　127

Column 96 アニメーションウィンドウの表示　128

Column 97 アニメーションウィンドウの見方（Mac の場合を含
む）　129

Column 98 パルスなどの繰り返しの回数の設定方法　130

Column 99 フラッシュ型教材　131

Column 100 1 つの画像に 2 つ以上のアニメーションを設定
する方法：Windows の場合　132

Column 101 1 つの画像に 2 つ以上のアニメーションを設定
する方法：Mac の場合　132

Column 102 設定したアニメーション効果の確認方法　133

Column 103 USB メモリなどの記憶デバイスを取り外すとき
の注意点：Windows の場合　134

Column 104 USB メモリなどの記憶デバイスを取り外すとき
の注意点：Mac の場合　135

Column 105 スマートフォンに保存した画像を挿入する方法（Mac で
AirDrop を用いる方法を含む）　137

Column 106 SmartArt の項目（図形など）の追加　140

Column 107 デジタル思考ツール　140

Column 108 ［画面切り替え］：［変形］　141

Column 109 オブジェクト名が分からないとき（Mac の場合を含
む）　143

Column 110 デザイナー　143

Column 111 直線（まっすぐの線）や正方形、真円（真ん丸）
の描き方　144

Column 112 図の回転の方法　145

Column 113 PowerPoint での［文字列の折り返し］　145

Column 114 教材作成などで利用できるサイト紹介：NHK for
School　146

Column 115 PowerPoint の投影：Mac の場合　148

Column 116 ケーブルについて（Mac の場合を含む）　148

Column 117 図形内のテキストボックスの余白の変更　149

Column 118 図を図形にあわせてトリミングする方法　149

目　次

Column 119	PowerPoint で作成したグラフのデータの再表示	**151**
Column 120	吹き出しの頂点を 2 つにする方法：接合	**152**
Column 121	記録の修正	**153**
Column 122	フォトでの動画のトリミング（Mac の場合を含む）	**154**
Column 123	ペイント（Mac の場合を含む）	**155**
Column 124	画像の重なりの変更	**156**
Column 125	アニメーションの軌跡［ユーザー設定］	**156**
Column 126	デジタル紙芝居でキャラクターの腕を振る方法	**157**

5 章　Scratch を用いたプログラミング ⋯⋯⋯⋯⋯⋯⋯⋯⋯⋯159

Scratch（スクラッチ）⋯⋯⋯⋯⋯⋯⋯⋯⋯⋯⋯⋯⋯⋯⋯⋯⋯⋯⋯⋯⋯160

Scratch Web サイト ⋯⋯⋯⋯⋯⋯⋯⋯⋯⋯⋯⋯⋯⋯⋯⋯⋯⋯⋯⋯⋯⋯160

Scratch の「作る」画面（ユーザーインタフェース）⋯⋯⋯⋯⋯⋯⋯⋯161

ステージのネコを動かす（動きのプログラミング）⋯⋯⋯⋯⋯⋯⋯⋯⋯163

背景の設定 ⋯⋯⋯⋯⋯⋯⋯⋯⋯⋯⋯⋯⋯⋯⋯⋯⋯⋯⋯⋯⋯⋯⋯⋯⋯⋯163

スプライトの配置・位置設定 ⋯⋯⋯⋯⋯⋯⋯⋯⋯⋯⋯⋯⋯⋯⋯⋯⋯⋯⋯164

ブロック選択・配置でプログラミング ⋯⋯⋯⋯⋯⋯⋯⋯⋯⋯⋯⋯⋯⋯⋯164

ファイルでプログラムを保存する・新規作成する ⋯⋯⋯⋯⋯⋯⋯⋯⋯166

プログラムによる図形の描画 ⋯⋯⋯⋯⋯⋯⋯⋯⋯⋯⋯⋯⋯⋯⋯⋯⋯⋯⋯167

拡張機能を選ぶ ⋯⋯⋯⋯⋯⋯⋯⋯⋯⋯⋯⋯⋯⋯⋯⋯⋯⋯⋯⋯⋯⋯⋯⋯168

ペンの描画 ⋯⋯⋯⋯⋯⋯⋯⋯⋯⋯⋯⋯⋯⋯⋯⋯⋯⋯⋯⋯⋯⋯⋯⋯⋯⋯169

正多角形の描画（正四角形）⋯⋯⋯⋯⋯⋯⋯⋯⋯⋯⋯⋯⋯⋯⋯⋯⋯⋯⋯170

正多角形の描画（正三角形）⋯⋯⋯⋯⋯⋯⋯⋯⋯⋯⋯⋯⋯⋯⋯⋯⋯⋯⋯170

正多角形の描画（ほかのいろいろな正多角形）⋯⋯⋯⋯⋯⋯⋯⋯⋯⋯⋯171

情報を入出力するしくみと変数 ⋯⋯⋯⋯⋯⋯⋯⋯⋯⋯⋯⋯⋯⋯⋯⋯⋯⋯172

拡張機能を利用した高度なプログラム ⋯⋯⋯⋯⋯⋯⋯⋯⋯⋯⋯⋯⋯⋯⋯173

外国語コミュニケーションを助けるプログラム ⋯⋯⋯⋯⋯⋯⋯⋯⋯⋯⋯174

翻訳・音声合成の「処理の順序」を考える ⋯⋯⋯⋯⋯⋯⋯⋯⋯⋯⋯⋯⋯174

翻訳・音声合成のプログラムを作る ⋯⋯⋯⋯⋯⋯⋯⋯⋯⋯⋯⋯⋯⋯⋯⋯174

自販機の硬貨の処理を実現する ⋯⋯⋯⋯⋯⋯⋯⋯⋯⋯⋯⋯⋯⋯⋯⋯⋯⋯175

アルゴリズムを考える ⋯⋯⋯⋯⋯⋯⋯⋯⋯⋯⋯⋯⋯⋯⋯⋯⋯⋯⋯⋯⋯⋯175

自販機の見た目を考える ⋯⋯⋯⋯⋯⋯⋯⋯⋯⋯⋯⋯⋯⋯⋯⋯⋯⋯⋯⋯⋯176

新しい変数を作る ⋯⋯⋯⋯⋯⋯⋯⋯⋯⋯⋯⋯⋯⋯⋯⋯⋯⋯⋯⋯⋯⋯⋯⋯178

ボタンの見た目のしかけを作る ⋯⋯⋯⋯⋯⋯⋯⋯⋯⋯⋯⋯⋯⋯⋯⋯⋯⋯178

料金収受のしくみを作る ⋯⋯⋯⋯⋯⋯⋯⋯⋯⋯⋯⋯⋯⋯⋯⋯⋯⋯⋯⋯⋯179

プログラミング的思考 ⋯⋯⋯⋯⋯⋯⋯⋯⋯⋯⋯⋯⋯⋯⋯⋯⋯⋯⋯⋯⋯⋯183

xi

Column 127　プログラム・プログラミング　161

Column 128　アルゴリズム　162

Column 129　プログラムの三要素（順次、分岐、反復）　166

Column 130　「試行錯誤する」プログラミング学習　171

Column 131　繰り返す作業を「反復」で「短く書く」くふう　172

Column 132　変数を作る　173

Column 133　アルゴリズムが必要なときは、コンピュータが必要な
　　　　　　　とき　176

Column 134　タッチタイピング　181

Column 135　Scratch を特に小学生（13 歳未満の者）と使う
　　　　　　　ときの留意事項　182

1章 データサイエンス（情報科学）と教育・保育

本章では、現代の日常生活に欠かせないインターネットの普及とデータサイエンスについて述べる。具体的には、近年の情報科学の動向をはじめ、データの分析、データサイエンスの利活用について、主に教育・保育の場面を例に、概要を示していく。さらに、データサイエンスを利活用する際の留意点となる情報倫理についても解説していく。

データサイエンス（情報科学）の動向と情報リテラシー

1 日常生活と高度情報社会・情報科学の普及

(1) 日常生活とインターネットの利用

　家でも、学校でも、職場でも、もはやそれがない生活が考えられないほど、私たちの日常にインターネットは欠かせないものとなっている。スマートフォンの普及により、それはより顕著なものとなった。分からないことがあればWebブラウザを開いて検索を行い、SNSで情報を得たり、発信したりする。オンラインで動画や音楽を楽しむこともあるだろう。そして、たとえ自分が利用していなかったとしても、世界中では常に膨大な量の情報がインターネットを通じて送受信されている。

　インターネットの利用は、もちろん教育現場にも及んでいる。児童生徒は、タブレットを用いて自主学習を行っているし、授業中には自身の考えの共有を行っている。教師もインターネットを介して

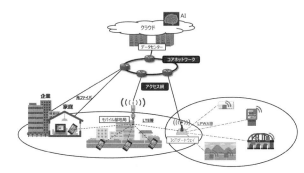

図1　モバイルネットワーク構成の概念図（総務省2019）

授業研究を行っており、授業で使われる素材にもインターネット上で入手した画像が利用されることが多くなった。

　では、この現代の日常生活に切っても切れないものとなっているインターネットとは、いったいどのようなしくみで成り立っているのだろうか。

　インターネットは、世界中の情報機器をケーブルや無線で接続するネットワークである。そのネットワークは、図1のように構成されている。そして、インターネットサービスプロバイダと契約することで、家庭や職場、学校などからこのネットワークに接続できるようになるのである。また、スマートフォンなどは、携帯電話会社と契約することで、スマートフォン回線（モバイル回線）を通じてインターネットを利用することができるようになる。

Column 1 情報科学に関する用語の解説

> SNS：Social Networking Service（ソーシャル・ネットワーキング・サービス）の略で、ユーザー同士がテキストや画像、動画などを交流できるインターネットの会員制サービス。
>
> www：World Wide Web（ワールド・ワイド・ウェブ）はWebと略して呼ばれ、インターネット上の情報を結ぶシステムのこと。近年ではインターネット＝Webと捉えられることもある。その通信システムが

> 網目状につながっているため Web（クモの巣）という名が付いた。
> VR：Virtual Reality（仮想現実）の略で、コンピュータによって作り出された
> 　世界を現実であるかのように知覚させる技術。
> AR：Augmented Reality（拡張現実）の略で、現実世界での体験にデジタル
> 　情報を重ね合わせる技術。

（2）科学技術の発展と情報科学の普及

　近年では、スマートウォッチなどのウェアラブルデバイスや IoT（Internet of Things）に対応したスマート家電を所有する家庭も増えてきた。また、家庭用 3D プリンターも少しずつ普及しはじめている。これらには人工知能（AI）が内蔵されており、ユーザーのデータを収集・解析することで最適なサービスを提供している。また、ドローンによる宅配サービスやバーチャルリアリティ（VR）と拡張現実（AR：Augmented Reality）、自動運転機能の付いた自動車などの開発が進み、これまででは考えられなかったようなさまざまな体験が可能になった。これらすべては、インターネットなどの情報通信技術、人工知能（AI）といった科学技術の急速な発展に起因する。

　表 1 は、これまでの科学技術の発展を示したものである。第 1 次産業革命では、蒸気機関や紡績機など軽工業の機械化が進んだ。第 2 次産業革命では、石油や電力を用いることによって、大量生産が可能となった。そして、コンピュータの登場が第 3 次産業革命を起こした。コンピュータにより作業の自動化が行われるようになる。現在はこの第 3 次産業革命を脱し、第 4 次産業革命へ移ろうとしている過渡期にあると考えられている。第 4 次産業革命は、IoT やビッグデータ、AI の活用によって起こる技術革新であり、これまで人間にしかできなかった領域さえ自動化、自律化されると考えられている。そして、それは「生産、販売、消費といった経済活動に加え、健康、医療、公共サービス等の幅広い分野や、人々の働き方、ライフスタイルにも影響を与える」（内閣府 2017）だろう。

表 1　各産業革命の特徴と変遷

第 1 次産業革命	第 2 次産業革命	第 3 次産業革命	第 4 次産業革命
18 世紀	19 世紀	20 世紀	21 世紀
・生産・運搬の機械化 ・蒸気などの動力を取得	・大量生産 ・電気・石油などの動力を取得	・コンピュータによる自動化 ・インターネットの出現	・IoT・ビッグデータ・AI の登場

　このような技術革新が起こっている時期に最も重要なのは、この変化に柔軟に対応できるような人材の育成である。そして、いま特に求められているのが、データサイエンス（情報科学）に関する教養を有した人材である。小学校や中学校、高等学校などの教育現場においても、高速大容量の通信ネットワークや児童生徒に対して 1 人 1 台の PC 端末を整備する GIGA スクール構想が実現されてきて

いる（文部科学省2023b）。さらに、大学などの高等教育では、2021年度より「数理・データサイエンス・AI教育プログラム認定制度」が開始され、データサイエンスへの関心を高め、適切に理解し活用する基礎的な能力を育

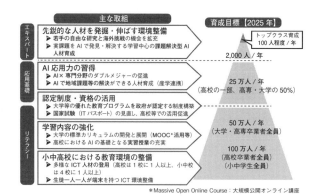

図2 数理・データサイエンス・AI教育プログラム認定制度（文部科学省2021）

成することを目的として、学部を問わず全国の大学において体系的な教育を実施することが推進されている（文部科学省2021）。文部科学省（2024b）によれば、2024年（令和6年）8月時点で、リテラシーレベルの認定494件（62.1％）、応用基礎レベルの認定が243件（30.5％）となっている。今後も、認定・選定校は、年々増加していくと予想され、量的拡大の後には、質的な改善が求められていくであろう。このようにデータサイエンスの素養は、多様な社会の変化にともなって、教育・保育をはじめとしてすべての社会人に当たり前のものとされている。

2　データサイエンスと情報リテラシー

(1) 情報科学とデータサイエンスの必要性

　データサイエンスとは、データを用いて新たな科学的および社会的に有益な知見を引き出そうとするアプローチ・技術である。このデータサイエンスに関する広範な分野には、データの収集、解析、可視化、モデリングなどが含まれていて、多様な分野で活用されている。データサイエンスを支える学問領域である情報科学には、図3のように、関連する概念として、人工知能（AI）や機械学習、

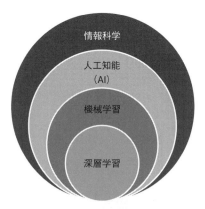

図3　情報科学の関連概念

深層学習などがある。それらの概念をあらためて整理しよう。

　まず、情報科学の中核をなす技術の1つに人工知能（AI）がある。人工知能（AI）は、言語の理解や推論、問題解決などの知的行動を人間に代わってコンピュータに行わせる技術であり、人工知能（AI）の技術を活用することで、データからより深い洞察や予測が可能になってくる。前述の通り、人工知能（AI）は、すでに私たちの身の回りにおいて多数活用されている。さらに、人工知能（AI）を開発・改善するために用いられる「機械学習（Machine Learning）」がある。機

械学習は、機械（コンピュータ）が自ら学習するプログラミングによって、明示的なルールを与えずに自ら判断する技術である。機械学習により、大量のデータを用いた複雑なパターンの認識や予測が可能となり、データ分析の力が一層強化されている。そして、機械学習の中でも特に高度な技術が「深層学習（Deep Learning)」である。深層学習は、大量のデータから機械が自動的にデータの特徴を抽出する Neural Network（ニューラルネットワーク）を用いた技術である。これにより、画像認識や自然言語処理などの分野で飛躍的な進歩が遂げられている。私たちが、実際にそれらの開発に携わるかというと、多くの場合はそうではない。開発の場面で活躍するのは、図2のピラミッドで示す「エキスパート」にあたる人材であろう。しかし、応用基礎にあたる理工学系の人材は、それらをもとに作られたプログラムを利用して、さまざまな研究・業務に利活用するであろう。また、Chat GPT に代表されるような生成 AI は、すでに一般利用が可能なものとして実装されている。情報科学を用いた技術は、今後より一層私たちの日常生活に身近なものとなるであろう。そういった社会の中で、何が行われているか全く分からないで活用するのではなく、ある程度の理解の上に利活用できることを求めているのが、図2で示される「リテラシー」レベルの教養を持つ人材である。そして、本書の読者もまずはこのレベルに到達することを目標としてほしい。

　さて、先に述べたようにデータサイエンスが社会の中で求められてきた背景には、医療現場において用いられてきた用語であるエビデンスベースドといった客観的証拠が重視されてきたことが考えられる。医療現場における意思決定においては、医療行為の選択にエビデンスによる判断を欠かすことができない。また、医療行為を受ける患者やその親族に対する説明責任として、相手が納得できるエビデンスを示す必要がある。そして、近年では、教育現場や政策決定の場においても、エビデンスベースドという言葉が聞かれるようになってきた。教員や保育者の養成課程は、一般的に文系だと捉えられているが、近年では、文系・理系を問わずデータサイエンス教育は必要とされている。統計学を素地としたデータサイエンスによって、一定の手続きを経てデータ分析を行い、そのデータをエビデンスとして教育現場や社会活動によい結果をもたらしていくことは、現在の社会にとって、望ましい方向性なのである。また、子どもたちの中には、算数・数学や理科を得意としたり、興味をもったりしている子もいるだろう。その子どもたちを保育・教育する保育者や教育者であるならば、それらの教養を持っているべきである。文書作成や表計算、プレゼン資料の作成、プログラミングや統計学の素養などの情報リテラシーは、必須となっている。

(2) データサイエンスの利点や欠点

　データサイエンスの利活用には多くのメリットがある。たとえば、業務の自動化と効率化が挙げられ、具体的には、病気の早期検知・診断や安全運転支援システム・渋滞緩和などが利活用している例として考えられる。データサイエンスを

活用することで、反復的な作業の自動化を図ることができる。それは、労働力不足の解消にもつながるだろう。さらに、作業の自動化によって、従業員はよりクリエイティブな仕事に専念できるようになり、仕事に対するモチベーションの向上が見込める。また、データの分析と予測により、経験や勘に頼ることなく、データに基づく判断が可能となる。たとえば、マーケティング戦略の最適化や生産計画の効率化が図れる。つまり、データサイエンスの利活用によって、私たちはより便利な生活が手に入るだけでなく、ビジネスにおける競争力の向上が期待できる。

　しかし、データサイエンスには、デメリットも存在する。まず、データサイエンスの１つである AI の導入によって単純作業が自動化される。そのことで、これまでその作業を担ってきた労働力が不要となり、雇用が減少する可能性がある。また、AI が行ったことに対する責任の所在が不明確になることがある。近年は、そういった懸念により、AI に完全に依存することを避けようとする傾向も見られる。たとえば、自動車の自動運転よりも、ドライバーの運転を補助する安全運転支援システムの技術開発にシフトするといったものだ。

　また、深層学習などの高度なアルゴリズムでは、思考のプロセスがブラックボックス化しやすく、結果の解釈が難しいこともデメリットとして挙げられる。開発者でさえ、プログラムがどのようにしてその結果を生み出したのかが分からないのである。具体的な例として、AI による人材採用システムを挙げよう。面接官による主観が入っていたこれまでの採用は、AI を利用することでデータ重視のより客観的なものに変わるだろう。データの分析によって、採用予定者の活躍度や退職確率などの予測も可能となる。しかし、AI はあくまで与えられた学習データをもとに予測を行っている。過去に女性の退職率が高かった会社の場合には、女性の採用を控えるという結果を出すかもしれない。学習データに偏りがあればその結果にもバイアスがかかり、それは差別や偏見の助長につながりうる。AI が本当に正しい判断を行ったかどうかの検証ができないと、倫理的に大きな問題を生む可能性があり、その適用範囲や精度を正確に把握することが重要となるだろう。

　以上のことから、データサイエンスの利活用には、多くのメリットがある一方で、いくつかのデメリットも存在するのが現状である。利便性や効率性の向上、そして競争力の強化が期待できる一方で、雇用の減少や責任の所在の曖昧さ、そしてアルゴリズムのブラックボックス化による判断の不透明性などの課題も伴う。したがって、データサイエンスを適切に活用するためには、技術の進歩に伴うリスクとその影響を慎重に考慮し、倫理的な問題にも配慮しながら、適用範囲や精度を批判的に検証し、それらのデメリットを最小限に抑制することが求められる。データサイエンスや AI が何を目指すべきかといった価値判断を与えるのは、やはりわれわれヒトなのである。

Column 2　現在のAIは万能？

現在開発されているAIは、万能かと問われれば、決してそうではない。現在実現できているのは、「特化型AI」のみである。特化型AIとは、画像認識や音声認識、顔認識など、特定のことしかできないAIである。汎用型AIは、まだ研究途上である。しかしながら、AIは、十分なデータがなければ正しく動かない。また、プライバシーにかかわるデータは集めづらく、大地震などの希少なデータは、収集不可能なのである。

さらに、「敵対的事例」「フレーム問題」「判断根拠の不明確さ」などの課題が存在する。これらは、特化型AIですら、万能でないことを示している。興味のある人は、ぜひ自身で調べてみよう。

(3) 高度情報社会における情報リテラシー

「疑似科学」あるいは「フェイクニュース」といった言葉を耳にしたことがあるだろうか。

私たちは、インターネットを利用して、多種多様な情報を簡単に入手できるようになった。しかし、この高度情報社会はメリットをもたらすだけではない。氾濫する情報の中には、正しい情報とともに誤っている情報も多く含まれている。そのため、どの情報が正しく、どの情報が疑わしいものなのか、それを見極めるだけの情報リテラシーが必要となってくる。

図4は、Gijika.comというサイトである。ここでは、科学者などの大学教員をメンバーとし、疑似科学とされるものの科学性を評定している。同サイトは、評定の基本的な考えについて、「「疑似科学っぽいもの」あるいは「科学的なのかどうか」と、ちまたで議論のある事項に

図4　疑似科学の科学性評定サイト（Gijika.com）

ついて、それらの「科学性の程度」を推し測る試みを行っています。科学リテラシー教育の研究題材の一環として具体例を取り上げ、これまで判明している知見や閲覧者の協力により集められた情報から評定を行っています」としている。あくまで暫定的な評定と断っているものの、本サイトにおける科学的な考察は非常に参考になるので、ぜひのぞいてみてほしい。

疑似科学やフェイクニュースといった真偽が定かではない情報については、発信した者にこそ問題があると言うのは簡単である。しかし、情報の真偽を見極めることができなければ、知らず知らずのうちにその情報の拡散に加担してしまう可能性もある。最悪の場合、詐欺や名誉毀損、人権侵害に加担することになりかねず、また、自分自身がその被害者となることもありうる。そうならないためにも、情報リテラシー、数学・科学リテラシーを高めて、理性的・科学的に情報を

理解する力を育むことが大切である。

（4）インターネット上の情報を見極めるために
　では、どのようにすれば情報の真偽を見極めることができるのか、具体的なポイントを挙げていく。

　1）情報源を確認する
　まずは、その情報の情報源（ソース）が示されているかを確認する必要がある。もし、情報源が示されていないならば、その情報を安易に鵜呑みにしてはならない。次に、その情報がどこから発信されたものかも確認したい。十分に信用に足る発信者であるか、よく考えたい。

　2）統計情報の有無や解釈を確認する
　エビデンスとして統計情報が示してあるかどうかは、1つの判断材料となる。多くのデータを収集したうえでの分析は、データを踏まえていない個人の主観的な意見よりも信頼できる。しかし、統計情報があるからといって、必ずしも正しいとは言い切れないので注意したい。調査対象に偏りがあったり、間違った解釈を行ったりしている可能性もある。それらを批判的に判断・解釈するための統計リテラシーも身につけておきたい。

　3）メディアの情報でさえも安易に鵜呑みにしない
　多様な人が、さまざまな視点から、自由に自分の考えや情報を発信できるようになった現代においては、その情報を鵜呑みにしないように注意する必要がある。それがテレビ局や新聞社、出版社といったメディアからの情報であっても同様である。あらゆる情報について、自分自身でその真偽を判断するように心がけたい。

3　教育や保育に必要な情報リテラシー
（1）学校教育における情報教育の目標と環境整備
　日本における情報教育の基本的な考え方は、「情報及び情報手段を主体的に選択し活用していくための個人の基礎的な資質（情報活用能力）」を読み、書き、算盤に並ぶ基礎・基本と位置付けるというものである。そして、情報活用能力は以下の3観点8要素に整理されている（文部科学省 2019）。

【情報教育の3観点8要素】
情報活用の実践力
・課題や目的に応じた情報手段の適切な活用
・必要な情報の主体的な収集・判断・表現・処理・創造

1 章　データサイエンス（情報科学）と教育・保育

・受け手の状況などを踏まえた発信・伝達

情報の科学的な理解

・情報活用の基礎となる情報手段の特性の理解

・情報を適切に扱ったり、自らの情報活用を評価・改善するための基礎的な
理論や方法の理解

情報社会に参画する態度

・社会生活の中で情報や情報技術が果たしている役割や及ぼしている影響の
理解

・情報のモラルの必要性や情報に対する責任

・望ましい情報社会の創造に参画しようとする態度

原典：文部科学省（2010）「教育の情報化に関する手引（平成 22 年 10 月）」

　これらが示しているのは、情報機器を操作できること（＝情報活用の実践力）の
ほかに、「情報の科学的な理解」や「情報社会に参画する態度」をもバランスよ
く育む必要があるということである。

　そして、教育の情報化を推進するために、情報機器の教育活動への活用が進ん
でいる。文部科学省（2017）は、ICT 教育環境の整備を図るために図 5 に示す
「教育の ICT 化に向けた環境整備 5 か年計画（2018 ～ 2022 年度）」を策定していた
（地方財政措置は、2024 年度（令和 6 年度）まで延長）。文部科学省（2023）「義務教育段
階における 1 人 1 台端末の整備状況（令和 4 年度末時点）」によれば、「全自治体等
のうち 1,810 自治体等（99.9%）が令和 4 年度内整備完了」となっている。した
がって、今後は、1 人 1 台の情報機器端末を活用して、どのように教育を行って
いくかに焦点があてられる。

● 学習者用コンピュータ　3 クラスに 1 クラス分程度整備
● 指導者用コンピュータ　授業を担任する教師 1 人 1 台
● 大型提示装置・実物投影機　100% 整備
● インターネット及び無線 LAN　100% 整備
● 統合型校務支援システム　100% 整備
● ICT 支援員　4 校に 1 人配置

図 5　教育の ICT 化に向けた環境整備 5 か年計画（文部科学省 2018）

　次に、保育・幼児教育における ICT 化の現状についても確認しよう。厚生労
働省（2023）は、令和 4 年度子ども・子育て支援推進調査研究事業を実施し、「保
育分野における ICT の導入効果及び普及促進方策に関する調査研究」を委託し
ている。その結果、配備されている機器やインターネット環境に関して、「全体」
では、「パソコン（職員室に配備されているもの）」が 92.2% で最も割合が高く、「タ
ブレット端末（クラス室に配備されているもの）」が、40.5% となっている。また、イ
ンターネット環境については、ICT 導入にあたって「無線のインターネット（Wi-
Fi）」環境があると便利とされるが、「無線のインターネット（Wi-Fi）」が 59.9

9

％、「有線のインターネット」が 25.7％と、導入されていない園も一定程度見られた。これらの結果より、保育・幼児教育における ICT 化の現状は、職員室にパソコンが配備されているが各クラス室には配備されておらず、これまでのところ業務に必要なものとして ICT 化が推進されていると言える。今後は、心身の健全な発達を促す豊かな保育活動の中で、適時 ICT を活用していくことが望まれる。たとえば、自然観察に出た後に、見知らぬ動植物を調べてみたり、写真の活用によって活き活きとした子どもの様子を保護者と共有したりすることも可能となるであろう。

(2) 情報教育の効果や情報活用能力の現状

　文部科学省は、総務省が 2010 年（平成 22 年）より実施していた「フューチャースクール推進事業」と連携する形で、2011 年度（平成 23 年度）より「学びのイノベーション事業」を実施した。これは、全国 20 校の実証校（小中学校および特別支援学校）において行われたもので、1 人 1 台の情報端末、電子黒板、無線 LAN 等が整備された環境の下で、ICT を活用して子どもたちが主体的に学習する「新しい学び」を創造することが目指された。その報告書では、ICT の活用例と効果が示されている（文部科学省 2014a）。

　また、この報告書には、児童、教職員を対象に実施した情報教育の効果を明らかにするためのアンケート結果が掲載されている。そこでは、全期間を通じて 90％前後の児童生徒が、「楽しく学習することができた」「コンピュータを使った授業は分かりやすい」と肯定的な回答をしており、ICT の活用が学習意欲を高めたと考えることができる。

　次に、児童生徒の情報活用能力について確認しよう。文部科学省（2014b）は、児童生徒が情報活用能力（情報活用の実践力、情報の科学的な理解、情報社会に参画する態度）をどの程度身に付けているかを測定するために、CBT（Computer Based Testing）方式によって調査している。調査対象は、小学校第 5 学年と中学校第 2 学年の児童・生徒であり、調査内容は、前述の情報活用能力の 3 つの観点について出題され、2 単位時間で小問 16 問に解答することとなっている。その結果、図 6 のように、児童生徒の情報活用能力（実践力）に関する傾向としては、小学生が「整理された情報を読み取ることはできるが、複数の Web ページから目的に応じて、特定の情報を見つけ出し、関連付けることに課題がある。また、情報を整理し、解釈することや受け手の状況に応じて情報発信することに課題がある」と示されている。そして、中学生については、小学生と同様の傾向に加え、「一覧表示された情報を整理・解釈することはできるが、複数 Web ページの情報を整理・解釈することや、受け手の状況に応じて情報発信することに課題がある」と示されている。紙面での解答ではなく、CBT 方式が採用されたため、解答方法が不慣れであったという要因も考えられるが、それ自体も情報活用能力であることを考慮すれば、今後より一層の情報活用能力の向上が期待される。

1章　データサイエンス（情報科学）と教育・保育

	調査問題内容	通過率（%）
小学校	整理された複数の発言者の情報の正誤を読み取る問題	62.4
	複数のウェブページから情報を見つけ出し、関連付ける問題	9.7
	一覧表示された複数のカードにある情報を整理・解釈する問題	17.9
	2つのウェブページから共通している複数の情報を整理・解釈する問題	16.3
	プレゼンテーションソフトにて画像を活用してスライドを作成する問題	33.3
中学校	整理された複数の見学地の情報の共通点を読み取る問題	84.3
	複数のウェブページから情報を見つけ出し、関連付ける問題	43.7
	一覧表示された複数の情報を、提示された条件をもとに整理・解釈する問題	76.4
	複数のウェブページから目的に応じて情報を整理・解釈する問題	12.2
	プレゼンテーションソフトにて文字や画像を活用してスライドを作成する問題	39.1

図6　児童・生徒の情報活用の実践力に関する調査結果

小学校　ブログ上の情報発信において自他の情報の取扱いで問題のある点を選択する問題

情報の取扱いについて問題のある点	選択した者の割合（%）
個人情報（学校名学級名及び出席番号）の取扱い	73.0
他人の写った写真の取扱い	41.2
住所を教えて欲しいという見知らぬ他人からの書き込み	47.6

中学校　不正請求メールへの対応で不適切な項目を選択する問題

不適切な項目	選択した者の割合（%）
メールに返信する	50.4
入金後 URL から退会手続きをする	43.9
問い合わせ先に電話して抗議する	38.5

図7　児童・生徒の個人情報や不正請求メールの取り扱いなどの情報倫理に
　　　関する結果

　また、個人情報や不正請求メールの取り扱いなどの情報倫理に関しては、図7のような結果となっている。その結果、「小学生については、自分に関する個人情報の保護について理解しているが、他人の写真をインターネット上に無断公表するなどの他人の情報の取り扱いについての理解に課題がある。中学生については、不正請求メールの危険性への対処についての理解に課題がある」ことが指摘されている。なお、文部科学省は、上記調査を発展させて 2022（令和4）年1月〜2月にかけて情報活用能力調査を実施している（文部科学省 2023c）。興味があれば、そちらの調査結果も確認してみよう。

（3）保育者・教育者に必要な情報リテラシー
　情報リテラシーとは、多くの情報の中から目的にあった適切な情報を選択し、利活用できる能力のことである。一般的には、情報機器を扱う能力が基礎としてあり、そのうえで適切に情報を収集し、利活用することが求められる。
　では、保育者・教育者に求められる情報リテラシーは、どのように捉えられるであろうか。
　文部科学省が 2022 年度に実施した教員の ICT 活用指導力の調査では、次の4つの能力が挙げられている。

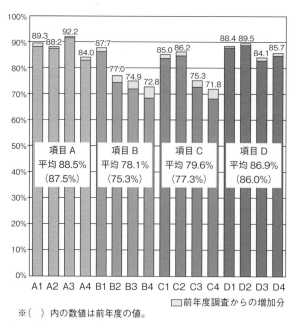

図8 教員のICT活用指導力の推移（文部科学省2022）

A：教材研究・指導の準備・評価・校務などにICTを活用する能力
B：授業にICTを活用して指導する能力
C：児童生徒のICT活用を指導する能力
D：情報活用の基礎となる知識や態度について指導する能力

　この調査は、学校における教育の情報化の実態を探るために平成19年以降実施されているものである。当初、教員のICT活用指導力は5つの観点が挙げられていたが、2018年度（平成30年度）より上述の4観点に統合された。各観点について複数の設問があり、それらに対して「できる」、「ややできる」と肯定的な回答をした教員の割合が示されている。2022年度（令和4年度）の調査結果を図8に示す。

　A、Dの観点については、肯定的な回答をした教員の割合が比較的高く、教材研究や指導準備、評価・校務などへの活用、情報活用の基礎となる知識や態度は、かなりの割合で教員が身についていると自覚していると言える。しかし、ICT機器を授業に活用すること、および、子どもたちに指導することは、順に21.9％、20.4％の教員が苦手としている実態にある。ただし、数年前からの経年推移を考慮すると、今後も教員の入れ替わりによって、年々向上していくことが示唆される。

　以上のように、教員や保育者には、自身が基礎的な情報リテラシーを身につけるとともに、子どもたちに情報リテラシーを身につけさせるための情報教育の能力も必要となるのである。教員や保育者自身に、本書で示すようなWordといった文書作成やExcelなどの表計算ソフト、PowerPointといったプレゼンテー

1章　データサイエンス（情報科学）と教育・保育

ションソフトを扱える能力が必要であることは言うまでもないだろう。また、個人情報の取り扱いや著作権に関する知識など情報倫理に関する知識も必要な素養である。そして、現在では、保育・教育現場には多様な ICT 機器が導入されつつある。それらを活用して子どもたちに効果的な学びを促していくことが重要になる。作文などの文章作成の際にタブレットを利用させることで、容易に推敲ができることを経験させたり、算数の学習でデータ処理やグラフの作成に表計算ソフトを活用したりする学習を取り入れたい。また、教員も日頃の授業の中でPowerPoint や教育支援アプリなどによって、視覚的に情報を提示・共有する学習活動を行いたい。それによって子どもたちは日頃から ICT を用いる良さを感得することになり、ひいては子どもたちの ICT 活用能力を育むことにもつながるだろう。

Column **3 Ed Tech**

教育（Education）×テクノロジー（Technology）から作られた造語で、テクノロジーの力で教育にイノベーションを起こす取り組みである。近年は、文部科学省が、オンライン上で学習やアセスメントができる公的 CBT（Computer Based Testing）プラットフォームの開発・展開が進められている。
Ed Tech は、毎年のように最新の機器やアプリが開発されている。その Ed Tech の展示会が、東京や関西、オンラインなどの会場で、学校・教育機関、企業の人事・研修部門など教育に関わる方に向けて毎年数回実施されている。ぜひ足を運び、最先端の Ed Tech に触れてみよう。

データサイエンスとデータ分析、教育・保育への利活用

　これまで、近年のデータサイエンスの動向と情報リテラシーについて述べてきた。ここからは、より詳細にデータサイエンスにおけるデータ分析と教育・保育への利活用について述べる。

1　データサイエンスとデータ分析
（1）データとデータの分類
　データは、さまざまな形態で存在する。あらためて、「データとは何か？」と問われたら、何が浮かぶであろうか。データと言われると、数値データが浮かぶかもしれないが、体温や体重、消費カロリーなどの測定値、画像や動画、音声といったメディアデータ、病名や地域名・駅名などのラベルデータ、友人間の仲良し関係や交通網・鉄道網などのネットワークデータのすべてがデータに含まれる。データサイエンスでは、これらのデータを適切に分析することで、価値ある情報を引き出すことを目的とする。
　データには、表2のように、大きく分けて量的データと質的データの2種類

13

がある。量的データは、数値として計測される測定値であり、さらに比率データ（比例データ）と間隔データに分類される。比率データでは、数値の積や商、和や差が意味を持ち、具体的には、身長、年収、長さなどのデータが挙げられる。一方、間隔データでは、和や差は意味があるが、積や商には意味がない。具体例としては、華氏や摂氏で測定される気温、和暦や西暦といった年号が挙げられる。質的データには、順位データと名義データがある。順位データは、数値の並び順に意味があり、順位付けが可能だが、四則演算（加減乗除）は意味を持たない。例としては、アンケート結果（5：非常によい、4：よい、3：ふつう、2：悪い、1：非常に悪い）や成績順が挙げられる。ただし、アンケート結果は、研究上は、間隔データとして扱われることもある。名義データは、形式的に数字が付与されているだけで、数値としての意味を持たないデータである。たとえば、「1：女性、2：男性」、電話番号、背番号、バスの系統番号などがある。

　以上のようなデータの分類は、データの種類によって使える分析手法が大きく異なってくる。量的データは数値として計測されるため、相関分析や回帰分析、分散分析（ANOVA）、t 検定などの統計手法が用いられる。これにより、変数間の関係性や影響力を分析したり、データの中心的な傾向や散らばりを示したりすることができる。質的データでは、数値以外のカテゴリや順位を扱うため、クロス集計表、カイ二乗検定などの手法が用いられる。データ間の関係性や異なるグループ間の比較が可能になり、名義データ間の独立性の検定やデータの頻度の視覚化に役立つ。学校教育において、量的データと質的データの違いについて教えることはないが、算数・数学科で学習する統計グラフでは、折れ線グラフやヒストグラムに量的データが用いられ、棒グラフや帯グラフ・円グラフに質的データが用いられることが多い。それぞれの統計グラフに用いられているデータを確認するとよいであろう。

表2　データの分類

データの名称		測定尺度	できる演算	主な代表値	主な事例
量的データ	比率データ	比率尺度	＋－×÷	各種平均	身長、年収、長さ
	間隔データ	間隔尺度	＋－	算術平均	温度、年号
質的データ	順位データ	順序尺度	＞＝	中央値 最頻値	アンケート結果 成績順、満足度
	名義データ	名義尺度	度数カウント	最頻値	性別、血液型

(2) データの分析

　データの分析は、適切な手法を用いなければ意味のある情報を抽出できない。コーヒー豆の例えがよく用いられるが、適切な焙煎、粉砕、湯による成分抽出を行うことで、初めて美味しいコーヒーが得られる。このように、データも適切に処理されなければ価値のある情報にならない。データの前処理、クリーニング、変換、そして統計解析という一連のプロセスを経て、初めて有用な知見が得られ

る。

しかしながら、データ分析は、統計学を学修した研究者や統計分析家だけが行っているわけではない。実は、多くの人が、「無意識に」データを分析しながら生活している。それは、幼児や動物なども同じであり、「過去の経験」をデータとして判断している。たとえば、データ分析は、未来の予測、

傾向や関連の発見、分類・グルーピングなどさまざまなタスクに利用されている。次に1つずつ解説していこう。

1) 未来の予測

未来の予測に関しては、たとえば、次のようなことを日頃推測していないだろうか。「最近、暑いので、明日も暑い日になるだろう」「あと2時間もすれば、この宿題も終わるだろう」「この投手は、次はカーブを投げてくるだろう」「これだけ勉強したのだから、明日のテストはよい点が取れるだろう」といったことである。

より大きく精緻なデータを用いて分析することで正確な予測を試みている例を挙げよう。たとえば、実際の天気予報では、過去の気象データをもとに気象モデルを構築し、将来の気象状況を予測している。また、健康診断データの分析では、個々の健康データを集積し、統計的手法や機械学習アルゴリズムを用いて、病気の早期発見や予防策の立案に役立てられている。

2) 傾向や関連の発見

傾向や関連の発見に関しては、たとえば、次のようなことを日頃考えていないだろうか。「ピンク色の飴は、イチゴ味だ」「手伝いをすると、おうちの人が喜んでくれる」「夜更かししてゲームをしていると、次の日は起きられなくなる」といったことである。これらは、過去の経験などをもとに、頻度の高い傾向を想定し、物事の関連を推論している。たとえば、インターネット上で、自分の関心のある商品の広告が表示された経験はないだろうか。これはビッグデータに基づいて、利用者の傾向を分析して表示させているのである。

3) 分類・グルーピング

幼児期の知識獲得は、分類やグルーピングによると考えられる（石田 2011）。幼児期には、目の前の動物が犬か猫かいつの間にか理解するようになっている。これらは、周りの人々が、「ワンワン」「ニャーニャー」のように、言い分けているのを聞きながら、無意識に分類しているのである。また、「私が好きなタイプの○○」「私とあの人は性格が似ている」といった分類をしていることは、頻繁に

行われている。企業は、マーケティングデータから顧客の購買履歴や行動データを分析することで顧客を分類し、ターゲットマーケティングや個別最適化された広告戦略の立案にも活用している。

　以上のように、データは単なる数字の羅列ではない。もしそのような先入観を持っているのであれば捨ててしまったほうがよいだろう。そして、忘れてはならないのは、データ分析の結果は１つではないということだ。同じデータであっても多様な解釈を行うことができる。だからこそ、データ分析は面白いのである。

（3）教育・保育でのデータサイエンスの利活用

　データサイエンスは、単なる技術ではなく、私たちの生活をより良くするための重要な手段である。教育や保育においても、その利活用は広がりつつあり、今後ますます重要性を増していくであろう。データサイエンスを活用することで、教育現場や保育現場における個別最適化された指導や支援が実現し、すべての子どもたちが持つ潜在能力を最大限に引き出すことが期待される。

　たとえば、教育現場では、児童・生徒の興味や関心を引き出す新たな教育方法の開発にもつながる。ゲームベースの学習やVRを用いた体験型教育など、データサイエンスの技術を応用することで、従来の教育方法を超える新しい学びの形が創出される。さらに、児童・生徒の学習データを分析することで、個々の学習進度や理解度を把握し、適切なサポートを提供することが可能である。学習管理システム（LMS）や教育データプラットフォームを通じて収集されたデータは、教師が児童・生徒一人ひとりに適した教育を提供するための貴重な情報源となる。将来的には、試験の得点による絶対評価のみではなく、子どもたち一人ひとりに期待される理解度を予測し、その期待得点によって、子どもたちを褒めたり励ましたりすることが可能となろう。

　また、保育現場においては、幼児の成長や行動パターンをデータとして収集・分析し、より良い育児環境を整えるための手助けとなる。たとえば、保育園や幼稚園では、幼児の健康状態や活動履歴をデータ化し、保護者と共有することで、より適切なケアが可能になる。データに基づく判断は、保育者の負担を軽減し、より良い保育環境の提供に寄与すると考えられる。AIを活用することで、保育者が日誌や出席確認などの日々のルーチンワークから解放され、創造的な教育活動に集中できるようになる。その結果保育者は、子どもたちと遊ぶ時間を増やし、より多くの時間を幼児との直接的なコミュニケーションに割くことができる。さらに今後は、保育園での活動データや家庭での観察記録をもとに、個々の子どもに適した育児方法を提案することが可能である。それらの結果をもとに、データを活用した早期教育プログラムや特別支援教育の充実にも寄与しうる。

　以上のように、データサイエンスは、教育や保育の現場においても、多くのメリットをもたらす。しかし一方で、その導入の際には、データのプライバシー保

護や倫理的な問題にも十分配慮し、適切な運用を行うことが求められる。

Column 4 ロボットは東大に入れるか？ 東ロボくんの開発と子どもたちの読解力

AI の開発と関連する話に、ゲームと人間の競争があった。2011 年 2 月に、アメリカのクイズ番組でチャンピオンを抑えて優勝したのは、「IBM Watson」であった。また、2017 年には、将棋 AI ソフト「Ponanza」が、第 2 期叡王であった佐藤天彦氏と将棋電王戦を行い、2 連勝した。人工知能を有する将棋ソフトの進化によって、将棋界に新たな指し手や戦法が生まれているとも言われている。

さて、AI の技術革新はクイズや将棋にとどまらず、表題のように東大入試の合格を目指す AI の研究・開発も行われている。プロジェクトリーダーの新井紀子・国立情報学研究所教授は、センター試験などの模試を素材に「AI に何ができて何ができないのか」を明らかにすることで、AI の経済・産業への応用の可能性や社会への影響を探ることを目的とした。その結果、東大に合格できる AI は開発できなかったが、AI の得意なことと不得意なことを明確にした。新井氏は、「AI は暗記は得意でも意味理解はできない。人間が人間らしい意味理解をできれば、AI と差別化でき、仕事をとられることはない。でも、それができないと苦しむ可能性がある」と指摘している。そこで、AI が不得意な読解に着目し、子どもたちが適切に読解力を身に付けているのかという課題意識のもとで、読解力を診断する「リーディングスキルテスト」を開発した。その調査の結果、日本の中学生・高校生が、教科書を正確に「読めていない」実態を明らかにしている。ぜひ、新井紀子『AI vs. 教科書が読めない子どもたち』（2018 年、東洋経済新報社）を読んでほしい。いくつかの例題とともに、読解力への警鐘が鳴らされる理由が示されている。

情報倫理と著作権

1 情報倫理（セキュリティとモラル）

（1）インターネットに潜む危険性

　インターネットは私たちの生活に大きな利便性を与えてくれると同時に、さまざまな危険性を孕んでいることも忘れてはならない。インターネットを介して行われるサイバー攻撃は高度化しており、しっかりとした対策をとる必要がある。PC やスマートフォンには、侵入するウイルスを検知し、駆除してくれるウイルス対策ソフトをインストールすることを推奨する。Windows や Mac には、セキュリティソフトが標準搭載されているが、セキュリティを高めるために市販のウイルス対策ソフトの購入を検討したほうがよい。

　また、次のような点については、ちょっとした心掛けで危険を防ぐことができる。

17

1）パスワードの適切な管理

　PCやスマートフォンへのログインだけでなく、オンラインでのさまざまなサービスを利用する際にもパスワードが求められるようになった。数多くの場面でそれぞれのパスワードを設定するのは大変だが、同じパスワードを使い回すのは危険である。また、長い間同じパスワードを使い続けずに、定期的に変更すべきである。さらに、家族に関することや規則的な数列などをパスワードにするのは避けたい。安全性の高いパスワードの自動生成や多くのパスワードを管理できるパスワード管理ツールを利用することをお勧めする。

2）不審な相手からのメール

　知らない相手からのメールには注意が必要である。特に、そのようなメールに添付されたファイルには、ウイルスやスパイウェアなどが仕組まれている可能性があるため絶対に開いてはならない。また、図9のようなフィッシング型のメールにも気をつけたい。これは、実在する企業や団体からのメールを装い、IDやパスワード、クレジットカードといった情報を盗みだすものである。メールに記載

図9　フィッシング型メール

されたURLをクリックすると実際の企業や団体のものに酷似したWebサイトへ誘導され、IDやパスワードなどの情報を入力するように促される。かつては、海外の詐欺グループなどからのメールであれば、日本語の文章がおかしく容易に見分けがついていたのだが、近年では機械翻訳の精度が上がり、見分けがつきにくくなっている。IDやパスワードなどの情報を求めるメールが届いた場合には、即座に対応せずに、同様の詐欺が起こっていないかWeb上で検索して調べてみるとよい。また、メールに記載されたURLからリンク先にいくのではなく、直接そのホームページを検索して情報を確認するようにしたい。

3）Free Wi-Fiに潜む危険

　近年では、駅やコンビニ、カフェなどいたるところでFree Wi-Fiを利用できるようになった。たしかに無料でインターネットに接続できることは便利ではあるが、危険性もある。悪意のある提供者の場合、PCやスマートフォンをのぞき見され、個人情報などが盗まれる可能性がある。また、情報が暗号化されずに送信されている場合も少なからずある。IDやパスワード、住所といった個人情報の入力が必要な場合は、Free Wi-Fiの利用は避けたほうがよい。特に、ネットバンキングやクレジットカードはFree Wi-Fiへの接続時に使ってはいけない。

1章　データサイエンス（情報科学）と教育・保育

（2）求められる情報倫理

　インターネット上には膨大な量の情報があふれている。そして、その情報は簡単にコピーして利用することができる。だからといって、自分のものではない文章を自身が書いたものだと偽ってはいけない。他者の文章やアイデアを自分のものとして発表することを「剽窃」と言う。大学のレポートや論文などで、この「剽窃」の事例が見つかることがある。大学によっては、剽窃が分かった場合、その学期の全科目の単位取り消しや停学といった厳格な処分が取られる。剽窃をチェックするツールは数多くあるし、大学教員もレポートや論文を読んでいると案外気がつくものである。なにより、他者の文章を丸写ししていては、自身の学びにならない。

　では、レポートや論文に他人の書いた文章を絶対に使ってはいけないのか。実は、しっかりとルールを守れば、利用してもよい。自分の主張や考察を補強するために、参考にした文献から「引用」する場合である。ポイントはルールを守るということだ。それを怠ると「剽窃」と捉えられかねない。

【引用のルール】
　1）どの文献の、どの部分から引用したかを明記すること。
　2）本文と引用部分を明確に区別すること。引用が短い場合は「　」で囲み、
　　　長い場合は段落を分けて（上下を1行空きにして2字下げをするなど）示す。
　3）原稿の末尾などに引用した文献の著者名と書誌情報などを示すこと。

　さて、近年は、生成AI（たとえばChatGPT）が急速に発展してきており、テキストだけでなく画像や動画、それらのファイルの生成も可能となっている。これらの技術の発展は、社会に多くの利点をもたらすと考えられる。たとえば、英会話のレッスンなどの学習支援においては、24時間対応の学習アシスタントとして利用でき、恥ずかしく思う必要もなく疑問を迅速に解決し、個々の学習ペースに合わせた個別指導を提供することができる。また、生成AIは、一定のフォーマットの定まったものを作成するときなど、新しいアイデアや視点を提供し、創造性を補うこともできる。しかしその反面、これらの利点には注意も必要である。生成AIに過度に依存すると、自主的な学習能力や問題解決能力が低下する恐れがあるとの懸念が示されている。さらに、生成AIを使った不正行為や著作権侵害のリスクも存在する。特に、生成AIの情報の正確性やバイアスの影響を常に批判的に確認し、プライバシーとセキュリティにも注意を払うことが重要であろう。

　データサイエンスが発展する現代社会においては、積極的に生成AIなどの情報技術を有効に活用していくことが大切である。最新技術を取り入れつづけよう、学びつづけようとする態度は必須のものと言える。しかし、それと同時に、さまざまなリスクを察知できるように、批判的思考や倫理観、創造性、柔軟性を

19

持ちつづけなければならない。

(3) SNSとの付き合い方や肖像権の問題

総務省（2024a）の「我が国における青少年のインターネット利用に係る調査」によると、インターネット利用において、「トラブルに遭遇したことはない」という青少年の回答は52.4%であり、「答えたくない」と回答した1.6%を考慮しても、46.0%の人が何らかのトラブルに遭遇したことがあると回答している。また、未就学〜中学生の保護者においては、青少年がインターネットを利用すること（特にスマートフォン）について、「課題・問題と感じていたり、不安に感じていたりすること」があると回答した割合が60%を超えている。一方、青少年自身の回答では、中学で28.0%、高校で32.3%と、保護者に比べると低い傾向がある。

さらに、肖像権の問題がある。青少年が投稿している内容としては、「自分自身が写った画像・動画」「友人・恋人・パートナーが写った画像・動画」が多い。プライバシー設定に関する質問では「非公開設定機能（鍵アカウント）を利用している」との回答が44.7%と最多であったが、逆に言えば、大半の青少年は公開状態のまま投稿している。SNSに自身の写真を挙げられたくない人もいる。どんなに親しい間柄であっても、撮影した写真をSNSに挙げてよいか、あらかじめ了解を取るように心がけたい。

2 教員や保育者として求められる情報倫理

(1) 情報リテラシーや情報倫理についての情報が得られる公的サイト

図10は、文部科学省と総務省が公開しているサイトである。これらのサイトには、情報倫理教育や情報リテラシーに関するさまざまな情報が掲載されている。そのまま教材として利用できるコンテンツも多く、また、教員や保育者自身が正しい知識を確認するためにも利用できる。

図10　情報リテラシーや情報倫理についての情報が得られる公的サイト

図11　インターネットトラブル事例集のキーワードやトピック

(2) 子どもたちのトラブルの事例

　図10右は総務省が作成した「インターネットトラブル事例集（2024年版）」である。このサイトからダウンロードできるチラシから掲載事例のキーワードと最新のトピックを転載する（図11）。この事例集では、「コミュニケーション編」「セルフコントロール編」「法律＆契約編」「個人情報＆セキュリティ・プライバシー編」「情報発信編」といった、情報倫理に関わる5つのテーマが網羅されている。これらは、事例ごとに「タイトルと概要」と「マンガ」「考えてみよう」「解説」「ポイント」で構成されており、一斉指導や個別学習、グループ学習や話し合いなど多様な学びの場面で活用することが可能である。

　教育、保育に携わる者として、一般的なトラブルの事例とその対応策、予防方法を把握しておくことは有益だろう。そして、子どもたちだけでなく保護者ともそれらの情報を共有し、協力関係を構築しておきたい。

3　教員や保育者として求められる著作権の理解

(1) 著作権と教育への利用

　文化庁（2024）によれば、著作権とは、「思想又は感情を創作的に表現したものであって、文芸、学術、美術又は音楽の範囲に属するものをいう」とされている。たとえば、論文やレポート、楽曲・歌詞、日本舞踊、ダンス、絵画・彫刻、地図・図表、映画・アニメ、写真、コンピュータ・プログラムなどである。これらの著作物を利用する際には、著作権者に許諾を得る必要があり、場合によっては著作権料の支払いが生じる。

　しかし、教育現場での著作権については著作権法第35条に定めがあり、授業の過程における利用に供することを目的とする場合には、必要と認められる限度において、公表された著作物を無許諾・無償で複製することができる。ただし、著作物の利用は権利者の利益を害さず、授業に必要な範囲に限られているので注意が必要である。その具体例は続く（2）で示す。

なお、著作権法は、2018年（平成30年）に改正された。改正前の著作権法では、主に印刷機による紙の複製を想定しており、教育機関での複製には利用料が発生しなかった。しかし、インターネット上の著作物は、複製が容易で著作者への不利益が大きいため、利用者が著作者に料金を支払うように法律が改正された。また、改正前は、オンライン授業での著作物利用は、リアルタイムの教室間中継のみ認められていたが、改正後はオンデマンド授業や時間差のある公衆送信も可能となった。

（2）教育現場における著作物の利用の具体例
　ここでは、誤解される可能性の高い具体例について、「改正著作権法第35条運用指針」をもとにいくつか抜粋して紹介する。なお、本書の構成上、文頭記号などを改変している。

　1）許諾不要、無償で著作物を利用できると考えられる例
　　①教科書に掲載されているエッセイの全部を授業で教員が板書する。
　　②単行本に掲載されているエッセイの小部分を授業で教員が板書する。
　　③板書したエッセイの小部分を、インターネットを使った2校の遠隔合同授業で同時中継（送信）し、大型画面に表示する。

　2）許諾不要で利用できるが、補償金の支払いが必要だと考えられる例
　　①教科書等の出版物から図版や文章を抜き出してプレゼンテーションソフトにまとめ、対面での授業中にクラウド・サーバを通じて児童のタブレット端末に送信する。
　　②教員が教科書を使った授業動画を収録し、クラスの児童生徒のみがアクセスして視聴できるような方式で配信する。
　　③幼稚園や保育所で、普段対面で行っている絵本の読みきかせを、臨時休園中に、同じ教員と幼児間の在宅オンライン授業として行う。

　3）著作権者の許諾が必要だと考えられる例
　　①日本各地の祭りを撮影した写真集の中から写真を数十枚選んで紙にカラーコピーして簡易製本し、社会科の授業で複数年にわたって使える教材にする。
　　②教員が算数のドリルを児童には購入させず、学校や教員が持っている算数ドリルの中から児童に配付するために問題を紙にコピーする。
　　③教員が授業と直接関係ないものも含めて多数の小説をアップロードする。

（3）インターネット上のイラストや写真の利用方法
　授業や配布物にインターネットを通して入手したイラストや写真を利用したいこともあるだろう。そのようなときに便利なのが「フリー素材」と呼ばれるもの

である。フリー素材とは、無料で利用できるイラストや写真のことである。しかし、フリー素材といっても、無制限に自由な利用ができるわけではなく、一定の条件が設けられていることが多い。ここでは、「著作権フリー」と「ロイヤリティフリー」、一般的に「フリー素材」と呼ばれる無料で配布されている素材の違いについて見ていく。

1)「著作権フリー」(パブリックドメイン)

著作権には保護期間があり、2018 年の著作権法改正によって、作者の没後 70 年となった(それ以前は 50 年)。この保護期間が過ぎたものや、作者が著作権を放棄したものを「著作権フリー」あるいは「パブリックドメイン」と呼んでおり、基本的には自由に複製・転載などができる。

2)「ロイヤリティフリー」

ロイヤリティとは、著作権使用料のこと。取り決められた使用許諾範囲内であれば、追加の使用料が発生しない著作物を「ロイヤリティーフリー」と呼ぶ。一度、購入すれば、何度でも自由に利用できる場合が多い。ただし、「著作権フリー」とは異なり、著作権は著作権者にある。

3) 無料で配布されている素材

一定条件のもと無料で利用できる写真・イラスト・音楽などで、Web 上で公開されていることが多い。一般的には、これらを「フリー素材」と呼ぶ。使用料は無料だが、多くの場合、著作権は放棄されていない。また、利用にあたっては、その条件が示されている利用規約を確認する必要がある。利用規約を読むと、たとえば、クレジットの表示として、作者の名前を記載することを求めるという条件や、営利目的の利用を許諾しないまたは有料とする条件などがある。そして、教育利用にあたっては画像の改変が可能かどうかを確かめるとよい。改変不可の場合は、必要な部分だけをトリミングしたり、文字を画像の上に載せたりすることができなくなってしまうからである。

(4) 著作権表示

1) コピーライトとパブリックドメイン

著作権表示で最もよく目にするのは、著作権があることを示す「コピーライト ©」だろう。パブリックドメインの表示には、コピーライトマークに斜線を引いたもの や、丸の中に「PD」と書いたもの がある。

2) クリエイティブ・コモンズ・ライセンス

「クリエイティブ・コモンズ・ライセンス」は、インターネットの普及によって登場した新しい著作権ルールである。このライセンスによって、作者は著作権

ⓘ 表示	¥ 非営利	= 改変禁止	○ 継承
作品のクレジットを表示すること	営利目的での利用をしないこと	元の作品を改変しないこと	元の作品と同じ組み合わせのライセンスで公開すること

図12　クリエイティブ・コモンズ・ライセンスの4つの条件

		改変		
		許可する	許可するがライセンスの条件は継承（SA）	許可しない（ND）
商用利用	許可する	ⓒⓘ BY 表示	ⓒⓘⓢ BY SA 表示—継承	ⓒⓘ= BY ND 表示—改変禁止
	許可しない（NC）	ⓒⓘⓢ BY NC 表紙—非営利	ⓒⓘⓢⓢ BY NC SA 表示—非営利—継承	ⓒⓘⓢ= BY NC ND 表示—非営利—改変禁止

図13　6つのクリエイティブ・コモンズ・ライセンス

を保持しつつ、自分の作品を自由に流通させることができるようになる。

　クリエイティブ・コモンズ・ライセンスは、作品を利用するにあたって4種類の条件を組み合わせて示す（図12）。図13はその組み合わせで示される6つのライセンスである。

　権利者はどのような形で流通させるかをこの6つの中から選ぶことになる。共通するのは著作者のクレジットを表記する点である。そのほかは、要するに商用利用と改変を許可するかしないかによって区別されている。ドルマークに斜線が引かれたマークが入っている図13の下の行はすべて商用利用を許可しないことを示し、上の行は営利目的での利用を許可することを示す。あとは左から「改変を許可する」、「改変を許可するが、コピーライトは原作者が継承する」、「改変禁止」の3つのパターンがある。

　なお、クリエイティブ・コモンズ・ライセンスの写真、イラスト、動画を集めたサイトに、「pixabay」（https://pixabay.com/）や「Wikimedia Commons」（https://commons.wikimedia.org/wiki/Main_Page）がある。どちらにも膨大な数のデータが収蔵されている。

（5）教育現場で役立つフリー素材サイト

　図14は、教育現場で役にたつフリー素材サイトである。左から順に「いらすとや」（https://www.irasutoya.com/）、「Loose Drawing」（https://loosedrawing.com/）、「ぱくたそ」（https://www.pakutaso.com/）である。

　「いらすとや」は、イラストの点数が非常に多いのが特長である。また、ジャンル分けの中に「学校・学校行事のイラスト」があり、学級通信や教材に使うイラストが探しやすい。サイトには「検索のコツ」が掲載されているので一読をお勧めする。膨大なイラストからイメージに合ったものを探しだすのにきっと役に

図 14　フリー素材サイト

たつだろう。また、「Loose Drawing」も、教育に関するイラストやイベントに関するイラストなどが多く提供されている。なお、「いらすとや」も「Loose Drawing」も、配布されているイラストの編集や加工が可能である。「ぱくたそ」は、写真のフリー素材が豊富である。特に肖像権利用の許諾（モデルリリース）を得た人物写真が多く掲載されており、人物写真を使いたい場合には便利である。

（3）でも述べたように、フリー素材サイトの素材を利用する際には必ず利用規約を読み、利用条件を確認しておきたい。いくつかのお気に入りのフリー素材サイトを見つけ、利用するサイトを決めておけば、その都度、利用規約を確認する手間が省け効率的である。

また、「著作権フリー」となった作品を無料公開しているインターネット電子図書館「青空文庫」（https://www.aozora.gr.jp）も紹介しておきたい。純文学だけでなく、新美南吉や宮沢賢治などの児童文学作品も豊富に収蔵されている。

引用文献
新井紀子（2018）『AI vs. 教科書が読めない子どもたち』東洋経済新報社
石田有理（2011）「幼児の帰納推論における知識の影響」『教育心理学研究』59, pp.330–341.
教育著作権フォーラム（2021）「改正著作権法 35 条運用指針」
　　https://sartras.or.jp/unyoshishin/（2024 年 7 月 30 日最終確認）
Gijika.com（2024）「Gijika.com―疑似科学を科学的に考える―」
　　https://gijika.com/（2024 年 7 月 30 日最終確認）
厚生労働省（2023）『令和 4 年度子ども・子育て支援推進調査研究事業　保育分野におけるICT の導入効果及び普及促進方策に関する調査研究報告書』三菱 UFJ リサーチ＆コンサルティング株式会社
　　https://www.murc.jp/library/survey_research_report/koukai_230413/（2024 年 11 月 27 日最終確認）
総務省（1998）「第 1 章　デジタルネットワーク社会の幕開け」『通信白書 平成 10 年 通信に関する現状報告』
　　http://www.soumu.go.jp/johotsusintokei/whitepaper/h10.html（2024 年 11 月 27 日最終確認）
総務省（2019）「平成の情報化に関する調査研究」
　　https://www.soumu.go.jp/johotsusintokei/linkdata/r01_01_houkoku.pdf（2024 年 11 月 27 日最終確認）
総務省（2024a）「我が国における青少年のインターネット利用に係る調査」
　　https://www.soumu.go.jp/menu_news/s-news/01ryutsu02_02000413.html（2024 年 11 月 27 日最終確認）
総務省（2024b）「インターネットトラブル事例集（2024 年版）」
　　https://www.soumu.go.jp/use_the_internet_wisely/trouble/（2024 年 11 月 27 日最終確認）
竹村彰通編（2021）『データサイエンス入門 第 2 版』学術図書

内閣府（2017）「第 2 章　新たな産業変化への対応」『日本経済 2016–2017 ―好循環の拡大に向けた展望―』
https://www5.cao.go.jp/keizai3/2016/0117nk/index.html（2024 年 11 月 27 日最終確認）

日本情報処理検定協会「日本語ワープロ検定試験 試験基準」
https://www.goukaku.ne.jp/test_wordpro.html（2024 年 11 月 27 日最終確認）

耳塚寛明監修、中西啓喜編著（2021）『教育を読み解くデータサイエンス―データ収集と分析の論理』ミネルヴァ書房

文化庁（2024）「著作権」
https://www.bunka.go.jp/seisaku/chosakuken/（2024 年 7 月 30 日最終確認）

文部科学省（2014a）「学びのイノベーション事業実証研究報告書のポイント」
http://www.mext.go.jp/a_menu/shotou/zyouhou/detail/1408183.htm（2024 年 11 月 27 日最終確認）

文部科学省（2014b）「情報活用能力調査の概要」
https://www.mext.go.jp/a_menu/shotou/zyouhou/1356188.htm（2024 年 11 月 27 日最終確認）

文部科学省（2018）「学校における ICT 環境の整備について（教育の ICT 化に向けた環境整備 5 か年計画（2018（平成 30）〜 2022 年度））」
http://www.mext.go.jp/a_menu/shotou/zyouhou/detail/1402835.htm（2024 年 11 月 27 日最終確認）

文部科学省（2019）「教育の情報化に関する手引（令和元年 12 月）」
https://www.mext.go.jp/a_menu/shotou/zyouhou/detail/mext_00724.html（2024 年 11 月 27 日最終確認）

文部科学省（2021）「数理・データサイエンス・AI 教育プログラム認定制度」
https://www.mext.go.jp/a_menu/koutou/suuri_datascience_ai/00001.htm（2024 年 11 月 27 日最終確認）

文部科学省（2022）「学校における教育の情報化の実態等に関する調査」
https://www.mext.go.jp/b_menu/toukei/chousa01/jouhouka/kekka/1260031.htm（2024 年 11 月 27 日最終確認）

文部科学省（2023a）「義務教育段階における 1 人 1 台端末の整備状況（令和 4 年度末時点）」
https://www.mext.go.jp/a_menu/other/mext_00921.html（2024 年 11 月 27 日最終確認）

文部科学省（2023b）「令和 4 年度学校における教育の情報化の実態等に関する調査結果」
https://www.mext.go.jp/a_menu/shotou/zyouhou/detail/mext_02406.html（2024 年 11 月 27 日最終確認）

文部科学省（2023c）「児童生徒の情報活用能力の把握に関する調査研究【情報活用能力調査（令和 3 年度）】」
https://www.mext.go.jp/a_menu/shotou/zyouhou/detail/mext_00028.html（2024 年 11 月 27 日最終確認）

文部科学省（2024a）「情報モラル教育ポータルサイト」
https://www.mext.go.jp/zyoukatsu/moral/index.html（2024 年 7 月 30 日最終確認）

文部科学省（2024b）「数理・データサイエンス・AI 教育プログラム認定制度　認定・選定校一覧」
https://www.mext.go.jp/a_menu/koutou/suuri_datascience_ai/mext_00005.html（2024 年 10 月 14 日最終確認）

2章 Word

Word では、報告書やレポート、ビジネス文書のほか、イラストなどを使った学級通信や園だよりなどを作成することができる。

Wordの画面の構成

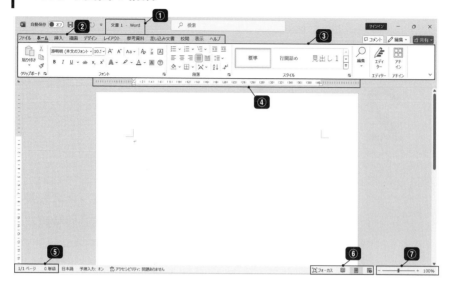

①**タイトルバー**…文書のファイル名（初期設定では［文書1］）。

②**タブ**…［挿入］や［描画］などクリックすると、それに応じたリボンが③に表示される。

③**リボン**…コマンドを実行するためのボタンが表示される。

④**ルーラー**…［インデント］や［タブ］の設定時に利用できる。

⑤**ステータスバー**…文字入力カーソルの位置を表す。

⑥**表示選択ショートカット**…「閲覧モード」「印刷レイアウト」「Webレイアウト」などを切り替える。

⑦**ズームスライダー**…文書入力領域の表示倍率を変更する。

Wordの主なリボン

- ［ホーム］…フォントの［種類］や［サイズ］、［色］などの文字に対する設定や、［箇条書き］、［文字の右揃え］など段落に対する書式などが設定できる。
- ［挿入］…［ページ区切り］や［表］、［画像］や［図形］のほか、［ヘッダー］や［フッター］の設定ができる。
- ［レイアウト］…［余白］や［段組み］の設定、段落の［インデント］等文面のレイアウトに関する設定ができる。
- ［参考資料］…ページに脚注を挿入したり、［相互参照］［図表番号の挿入］を行うことができる。
- ［校閲］…修正箇所の指摘などに利用できる［コメント］挿入のほか、文書の［音声読み上げ］もできる。
- ［表示］…⑥以外に［アウトライン］［下書き］も選択できる。［ルーラー］や［グリッド線］の選択ができる。

2章　Word

Column 5　リボンとタブについて

WordやPowerPointなどを開いたときに［ファイル］や［ホーム］［挿入］などと表示される部分（①）を「タブ」という。各タブをクリックしたときに一覧表示される部分（②）を「リボン」という。

Column 6　リボンの操作

○リボンの初期状態ではタブのほか、コマンドとグループが表示され、リボンのコマンドやグループが常に確認できる。編集ウィンドウをより広く表示させるためにタブ（①）のいずれかをダブルクリックすることで、コマンドやグループを非表示にすることができる。

◇タブのダブルクリックを繰り返すことで。リボンの表示非表示を切り替えることができる。

◇②をクリックすると右上の図が表示されるので、そこでコマンドやグループの表示／非表示を選択してもよい。

○リボンの表示設定

◇［全画面表示モード］…［タブ］と［リボン］を通常は非表示にし、必要なときだけ［タブ］と［リボン］を表示させる。

◇［タブのみを表示する］…［タブ］だけを表示しておき、［タブ］をクリックすることで［リボン］を表示させる。

◇［常にリボンを表示する］…標準の状態。常に［タブ］と［リボン］が表示されている。

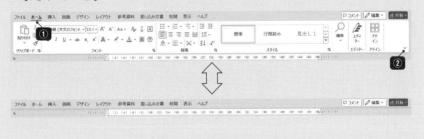

29

Word の見本 (1)

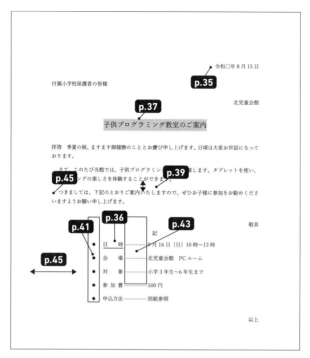

- p.35…文字の位置揃えの設定
- p.36…[均等割り付け] の設定
- p.37…[フォント] の設定
- p.39…[行と段落の間隔] の設定
- p.41…[箇条書き] と [段落番号] の設定
- p.43…[タブ] と [リーダー] の設定
- p.45…[インデント] の設定

2章　Word

Wordの見本（2）

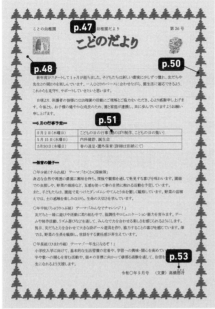
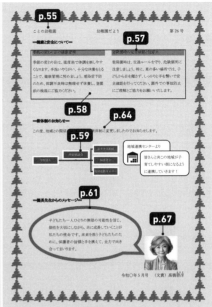

- p.47…［ワードアート］の挿入
- p.48…［ページの背景］の設定
- p.50…［ページ罫線］の設定
- p.51…［表］の作成
- p.53…［ルビ］の作成
- p.55…［ヘッダー］の挿入
- p.57…［段落背景色］の設定
- p.58…［段組み］の設定
- p.59…［SmartArt］の挿入
- p.61…［図形］の挿入
- p.64…［テキストボックス］の挿入
- p.67…［画像］の挿入

【その他】
- p.70…画像の背景の削除
- p.73…文書の校閲と共同編集

Wordの文書作成

Wordでの文書を作成する際の手順の一例を説明する。

- Wordを立ち上げ、［レイアウト］タブ（①）→［ページ設定］グループ→［余白］（②）でページ設定をする。
  ◇ その際、［ユーザー設定の余白］（③）をクリックすると、［ページ設定］ダイアログボックス（④）が表示される。ここでは、［余白］（⑤）を設定したり、［文字数と行数］（⑤）を細かく設定したりすることができる。
- 次に、段落など書式を付けずに文字をベタ打ちする（⑥）。
- その後、必要に応じて（p.30「Wordの見本（1）」のように）文字書式・段落書式などの各書式を付けて保存する。

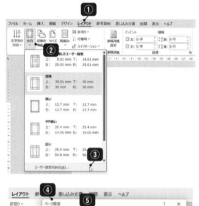

Column 7 文字入力と文字校正

○ 最初は文字入力もおぼつかないかもしれない。しかし、文字入力は練習すればしただけ早く正確に入力できるようになる。一度にたくさん練習するのではなく、毎日少しずつ練習するのがポイントである。練習はインターネットの検索サイトで「文字入力 練習 サイト」などで検索すればたくさん見つけることができる。

○ 上記⑥のように、Wordでの文書作成では、まず文字をすべてそのまま入力する。その際に、表記ゆれ（問い合わせ／問合せなど）や誤字と疑われる場合、単語の下に青の二重線や赤の波線（①）などが表示されることがある。これは、当該の下線を選択するか、［校閲］タブ（②）→［スペルチェックと文書校正］（③）から訂正することができる。

2章　Word

Column 8　背景色を変更したのに印刷されないときの対処法

Wordで背景色を変更したのに、カラー印刷をしても背景色が印刷されないときの対処法について説明する。

○ ［ファイル］→［その他のオプション］（①）→［オプション］（②）をクリックすると［Wordのオプション］ダイアログボックス（③）が表示される。

○ ［Wordのオプション］ダイアログボックスで［表示］（④）を選択し、［印刷オプション］で［背景の色とイメージを印刷する］に［✓］を入れて［OK］をクリックする。

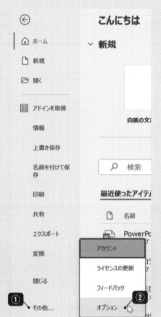

○ Macの場合は、［Word］→［環境設定］→［印刷］を開き、［印刷のオプション］の中の［背景の色とイメージを印刷する］にチェックを入れる。

Column 9　背景を画像に変更したのに小さく印刷されるときの対処法

Wordでは、［デザイン］タブ→［ページの背景］グループ→［ページの色］→［塗りつぶし効果］を選択し、［塗りつぶし効果］ダイアログボックス（①）で［図］（②）→［図の選択］を選択すると、［画像の挿入］ダイアログボックス（③）から画像を挿入（④）できる。

それを印刷すると、画像が小さく印刷されるときがある（⑤）。ここでは、その対処法について説明する。

⑤のように印刷されるのは（元の図の大きさが原因なのだが）、イラストを［塗りつぶし効果］→［図］で挿入したからである。そこで、……

○ ［塗りつぶし効果］（①）→［テクスチャ］（⑥）→［その他のテクスチャ］（⑦）を選択すると［画像の挿入］ダイアログボックス（③）が表示されるので、そこから画像を挿入する。

◇ 逆に、印刷すると大きくなる場合は［図］で挿入するとよい。

○ Macの場合は、［デザイン］タブをクリックし、［透かしの挿入］にて図を選択することで図を挿入することができる。

33

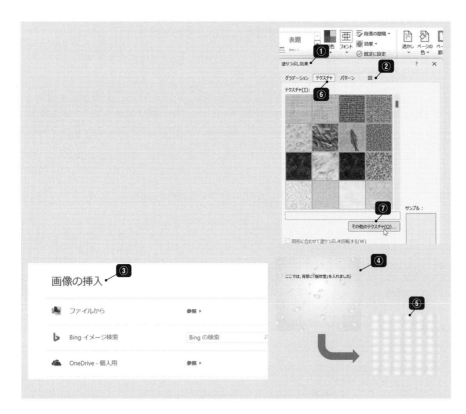

Column 10 スクリーンショット（画像の保存）：Windows の場合

PC でスクリーンショットするには、以下の方法がある。

〈方法 1〉

○ キーボードの［Windows］（①）と［Prtsc］（②）を押下すると画面全体を保存することができる（この場合、特に指定していなければ、［ピクチャ］の［スクリーンショット］のフォルダに画像が保存される）。

◇［Prtsc］…「プリントスクリーン」のこと。［PtSc］などと表示されているキーボードもある。

◇［Prtsc］と［Fn］が四角い枠で囲まれているキーボードの場合は［Windows + Prtsc］ではなく、［Fn + Prtsc］を押下する。

◇ そのほかにも、キーの色で押下するキーを示しているキーボードもある。

〈方法 2〉

○［Windows + Shift + S］を押下すると が表示されるので、左クリックしながらスクリーンショットしたい場所を選択する（［スクリーンショット］のフォルダに画像が残らない）。

文字の位置揃えの設定

p.32 で説明したように、Word で文書を作成する際は、まず書式を設定せずに文章を入力し、その後書式  を設定していくと作成しやすい。最初に入力した際は、水平方向の文字揃えは［両端揃え］になっているため、必要に応じて［右揃え］や［中央揃え］［左揃え］［均等割り付け］に変更する。

- 変更する際は文字を選択する必要はなく、調整したい行のどこかにカーソルがあればよい。
- ［ホーム］タブ→［段落］グループにある文字位置から選択する。

①**左揃え**…文書を左側で揃える。両端揃えとの違いは右側が揃わないこと。
②**中央揃え**…文書内のタイトルを入力する際など、文字を行の中央に配置する。
③**右揃え**…文書の発信日時や発信者など、文字を行の右側に配置する。
④**両端揃え**…標準の入力状態。行の両端で文字を揃える。
⑤**均等割り付け**…両端揃えにしつつ、単語間のスペースを調整し、各行の長さを均等にする。（⑤については次ページで詳しく説明する）

Column 11 ビジネス文書の基礎

文書には基本形がある。この基本形を忘れず作成することが重要である。ここでは、ビジネス文書の基礎について確認する。

①発信日付：文書を発信する日付。右揃え
②宛先：相手先を指定。左揃え
③発信者名：発信者を指定。右揃え
④タイトル：タイトルを指定。中央揃え
⑤前文：頭語、時候の挨拶などの定型文
⑥主文：伝えたい内容
⑦末文：結びの挨拶、結語を右揃えで配置
⑧記書き：必要な場合のみ。別記で要点を箇条書きする。中央揃えの「記」で始まり、箇条書きを記述したら、最後に「以上」を右揃えに配置
⑨追記：必要な場合のみ。本文の内容に付け加えて書かれる追加の情報や補足説明

［均等割り付け］の設定

　［均等割り付け］は、文字間のスペースを調整することで、各行の幅を均等にする機能である。この機能を使うことで、左右の余白がぴったり揃った、美しく整った文書を作成することができる。

◇ただし、単語間のスペースが大きくなりすぎると、かえって読みにくくなってしまうこともあるため、［均等割り付け］を適用した後は、文章の可読性を確認することが大切である。

●対象となる文字列を選択し、［ホーム］タブ→［段落］グループ→［均等割り付け］をクリックすると［文字の均等割り付け］ダイアログボックス（①）が表示される。ダイアログボックスの［新しい文字列の幅］（②）に何文字の幅に設定したいかを入力する。

◇［均等割り付け］をクリックしたのに①が表示されず、選択した文字列が行いっぱいに広がってしまう場合がある。これは［均等割り付け］を設定する際、文章全体（改行マークを含む文字列）を選択したためである。これを表示するには、改行マークを含まない範囲の文字列を選択し、［均等割り付け］をクリックするとよい。

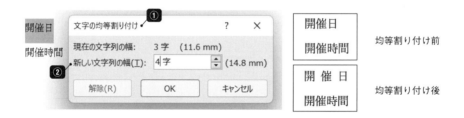

Column 12 ［左揃え］と［両端揃え］の違い

○「左揃え」は、段落内のテキストを左端に揃える割り付け方法である。この割り付けでは、各行の右端は揃っておらず、行の長さに応じて右端の位置が変化する。

○一方、「両端揃え」は、段落内のテキストを左右の余白に均等に配置し、各行の幅を揃える割り付け方法である。この割り付けでは、単語間のスペースが調整されることで左右の余白が揃えられる。

◇「両端揃え」は、ビジネス文書や報告書など、フォーマルな文書で効果的だが、単語間のスペースが調整されるため、行によってスペースの幅が異なることがある。

◇文書の種類や目的に応じて、「左揃え」と「両端揃え」を適切に使い分けることが重要になる。

［フォント］の設定

　フォントとは、文字の形状や装飾のスタイルを指す用語である。各フォントには固有の名称があり、さまざまな印象や用途に適したフォントが存在する。フォントの選択は、文書の目的や雰囲気に大きな影響を与える。

◇書体：ゴシック体、明朝体、勘亭流など、文字の基本的な形状を指す。
◇サイズ：文字の大きさを表し、一般的にはポイント（pt）単位で指定する。
◇スタイル：文字の装飾を表し、太字、イタリック（斜体）、アンダーライン、取り消し線などがある。

●フォントの指定は、変更したい文字列を選択し、［ホーム］タブ→［フォント］グループで、［書体］や［サイズ］［スタイル］のほか、［フォントの色］や［文字の網かけ］［囲い文字］、［上付き文字］や［下付き文字］を設定する。

◇アルファベットや数字には、全角と半角という2種類の文字がある。全角とは、ひらがなや漢字などの日本語の文字と同じ幅の広い文字で、半角とは、英文などを書く際に使用される幅の狭い文字になる。

◇全角と半角を選択するには、タスクバーの「あ」（または「A」など）と表示されている部分（①）をクリックして一覧（②）から選択するか、キーボードの（左上にある）［半角／全角］キーを押下する。＊キーについてはキーボードによって異なるので、各自のPCで確認すること。

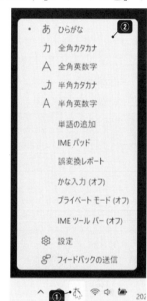

全角	あ	い	う	え	お
半角	ABCDEFGHIJ				

Column 13 ［フォント］の名前

○すべての文字を同じ幅で表現するフォントを「等幅フォント」、文字ごとに最適な幅が設定されたフォントを「プロポーショナルフォント」と呼ぶ。基本的に欧文フォントはプロポーショナルフォントであるため、以下は日本語フォントの説明となる。
○「P」が付くフォントは、プロポーショナルフォント。
○「HG」が付くフォントは、欧文・和文とも等幅フォント。

- ○「HGS」が付くフォントは、欧文はプロポーショナルフォント、和文は等幅フォント。
- ○「HGP」が付くフォントは欧文・和文ともプロポーショナルフォントとなる。
- ○「HG/HGS/HGP」から始まるフォントは、MS明朝やMSゴシックを作ったリコーインダストリアルソリューションズ製のフォントであり、他社製のフォントは表記が異なる。
- ○フォント名の最後に付いているアルファベットは書体を表しており、L＝細、M＝中（①）、B＝太（②）、E＝特太（③）、U＝極太となる。他にもW1〜9と表記されたり、「Light/Regular/Bold」などと表記されることがある。

Column 14 スクリーンショット（画像の保存）：Macの場合

MacPCでスクリーンショットするには、以下の方法がある。

〈方法1：画面全体を保存する方法〉
- ○［command（⌘）（①）+Shift（↑）（②）+3（③）］を同時に押すと保存できる。

〈方法2：必要な部分だけ選択し、保存する方法〉
- ○［command（⌘）（①）+Shift（↑）（②）+4（④）］を押すと十字マークが出てくるので、マウスを押しながら保存したい場所を選択すると保存することができる。
- ◇上記のいずれに場合においても、特に保存場所を指定していない場合、スクリーンショットは「スクリーンショット［日付］［時刻］」という名前のpngファイルとしてデスクトップに保存される。

［行と段落の間隔］の設定

［行間隔］と［段落間隔］を適切に設定することは、文書の可読性と視覚的なアピールを向上させるために重要である。

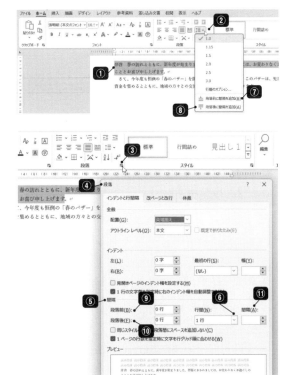

◇［行間隔］を適切に設定することで、行間が詰まりすぎたり広がりすぎたりせず、読みやすい文書になる。

◇［段落間隔］を設定することで段落間の区切りが明確になり、内容の理解がしやすくなる。

● ［行間隔］を設定したいときは、まず間隔を設定したい文章を選択し（①）、［ホーム］タブ→［段落］グループ→［行と段落の間隔］（②）をクリックする。プルダウンメニューから、求める行間隔（例：1.15、1.5、2.0）を選択する。

◇ または、［段落］グループの右下にある矢印（③）をクリックし、［段落］ダイアログボックス（④）を開き、［間隔］セクション（⑤）の［行間］プルダウンメニュー（⑥）から求める行間隔を選択する。

● ［段落間隔］の設定は［行間隔］の場合と同じく、まず間隔を設定したい段落を選択し、［ホーム］タブ→［段落］グループ→［行と段落の間隔］（②）をクリックする。［段落前に間隔を追加］（⑦）または［段落後に間隔を追加］（⑧）を選択する。

◇ または、［段落］グループの右下にある矢印（③）をクリックし、「段落］ダイアログボックス（④）を開き、［間隔］セクションの［段落前］（⑨）と［段落後］（⑩）で、段落の上下に設定したい間隔の値を入力する。

◇［行間隔］と［段落間隔］のカスタマイズを行うには、［段落］ダイアログボックスの［間隔］セクション（⑤）で、［行間］プルダウンメニュー（⑥）から［固定値］を選択し、右側のボックス（⑪）に求める間隔の値を入力する。また、［段落前］と［段落後］のボックスに、段落の上下に設定したい間隔の値を入力する。

Column 15　行間の設定

段落設定ダイアログボックスには、行間を調整するためのさまざまなオプションがあり、行間を細かくコントロールできる。たとえば［倍数］は、フォントサイズを基準に行間を設定するオプションで文書全体の行間を統一したい場合に使用する。［最小値］は、行間の最小値を指定するオプションで、この設定は、行間が詰まりすぎるのを防ぎ、可読性を確保するために役立つ。

Column 16　メモ帳

メモ帳は、シンプルな Windows のテキストエディタアプリである。文字データのみで構成されているので、文書を作成する前段階の試行錯誤をするときなどに使える。

また、たとえばインターネットのサイトの文章の一部をコピーして Word に貼り付けると、その部分だけ段落やフォントサイズなどが異なって表示されることがある。しかし、メモ帳に一旦貼り付け、貼り付けたものをコピーして Word に貼り付けると、ほかの部分と同じように表示される。

Window11 になり、メモ帳は文字数がカウントされたり（①）、複数のタブを追加できるようになったり（②）して、使い勝手が向上している。

Mac には、テキストエディットというアプリが標準で掲載されている。また、同じく標準搭載されているメモでは、文字数カウント等の機能はないが、同じ Apple ID でサインインしている Mac や iOS デバイスと自動同期することができるので、用途に合わせて使い分けるとよい。

［箇条書き］と［段落番号］の設定

［箇条書き］や［段落番号］を設定すると、情報の整理と階層構造の明確化、読みやすさの向上、文書の構造化、情報の強調、文書の見た目の向上などさまざまな利点がある。

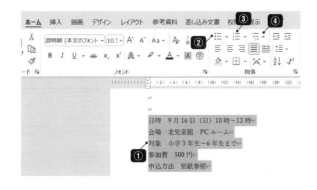

◇［箇条書き］や［段落番号］を使うことで、文書内の情報を整理し、読み手にとって理解しやすくなり、重要なポイントを明確に示して注意を引き付けることができる。

◇さらに、編集や更新の際に番号や記号が自動的に調整されるため、効率的に作業できることからも、文書の種類や目的に応じて適切に［箇条書き］や［段落番号］を使い分けることが、質の高い文書を作成するために重要である。

● ［箇条書き］や［段落番号］を付けたいときは、変更したい段落を選択し（①）、［ホーム］タブ→［段落］グループで［箇条書き］（②）や［段落番号］（③）、［アウトライン］（④）を設定する。

◇［アウトライン］では複数レベルの箇条書きや段落番号を付けることができる。［アウトライン］（④）をクリックするとプルダウンメニューが表示されるので、求めるスタイルを選択する（⑤）。レベルを上げたい場合は、「Tab」キーを、レベルを下げたい場合は、「Shift+Tab」キーを押す。

Column 17 新しい番号書式の定義

箇条書きや段落番号の新しい書式を定義することができる。この機能を使うことで、独自のスタイルを作成することができる。

○新しい箇条書きの書式を定義するには、「ホーム」タブ→「段落」グループ→「箇条書き」の［∨］をクリックするとプルダウンメニューが表示

されるので、[新しい番号書式の定義]（①）を選択する。
- [新しい番号書式の定義] ダイアログボックスで、新しい書式の記号や番号、フォントスタイル、配置などを設定して、「OK」をクリックする。
- 一度定義した書式は再利用できるため、効率的に文書を作成することができる。

新しい書式の定義

Column 18 右クリック：Mac の場合

- Apple の Magic Mouse には物理的な左右ボタンがない。しかし、マウスの右側をクリックすることにより、右クリックのアクションを実行することができる。また、[システム設定]（①）→ [マウス]（②）から、どこを操作することでどの機能を行うか設定することができる。

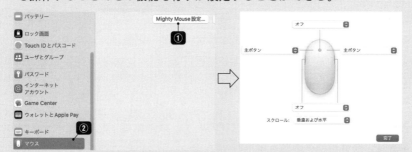

- ノートパソコンの場合はトラックパッドを使って右クリックの操作を行うことができる。[システム設定] → [トラックパッド]（③）→ [ポイントとクリック] → [副ボタンのクリック]（④）から操作方法を選ぶ。そのほかにもキーボードの [command] を押しながらトラックパッドをクリックすることでも右クリックの操作ができる。

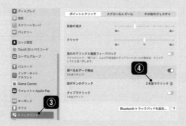

◇ 右クリックの操作を行いたい場合には複数のやり方があるので、自分の操作しやすい方法を選ぶとよい。

［タブ］と［リーダー］の設定

　下図左のように入力した箇条書きの説明の部分（例「9月16日……」）を、少し間を空けて下図右のように表示したいときがある。しかし、プロポーショナルフォント（文字ごとに最適な幅が設定されたフォントのこと。詳しくは Column 13「［フォント］の名前」を参照）を使用した場合など、スペースで揃えようとしても揃わないことがある。そのようなときは［タブ］を利用する。［タブ］と［リーダー］は目次で利用されることも多い。

◇［タブ］設定は、間隔をきれいに揃えるために使う機能である。
◇［タブ］の間隔に点線などを引きたい場合は、［リーダー］を設定する。

●［タブ］を設定したいときは、スペースを空けたい文字列の前にポインターを表示（①）し、［Tab］キーを押下する。
◇文字を入力するとき、②のように、間を空けたい場所にスペースキーまたは Tab キーを押してスペースを空けておくと［タブ］設定がしやすい。
◇［タブ］を設定するときには、［編集記号］と［ルーラー］を表示させておくと作業が分かりやすい。
◇［編集記号］を表示したいときは、［ホーム］タブ→［段落］グループ→［編集記号の表示／非表示］（③）をクリックする。
◇［タブ］が入力されているときに［編集記号］を表示していると、④のように矢印が表示される。これにより、この部分に［タブ］設定されていることが分かりやすくなる。なお、この矢印は印刷の際には印刷されない。
◇［ルーラー］（⑤）を表示したいときは、［表示］タブ→［表示］グループ→［ルーラー］にチェックを入れる。

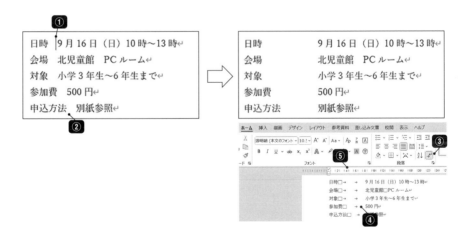

［タブ］設定した間をつなぐ点を［リーダー］という。［リーダー］を設定することにより、項目と関連する情報（ページ番号、金額など）を視覚的に結びつけることができる。これにより、読み手は情報をすばやく見つけ、理解する手助けになる。

- ［リーダー］を設定したいときは、［リーダー］を設定したい文字列を選択し、［ホーム］タブ→［段落］グループの右下［段落の設定］（⑥）をクリックすると［段落］ダイアログボックスが表示される。
- 左下の［タブ設定］（⑦）を選択すると［タブとリーダー］ダイアログボックスが表示されるので、［タブ位置］（⑧）を直接入力し、［既定値］と［配置］、［リーダー］を選択する。

◇下図右で［タブ位置］を「8」にしたのは、［タブ］の位置を⑨の位置にしたかったからである。

◇［既定値］（⑩）を「0.5字」にしたのは、［リーダー］と文字（たとえば、「日時」と「9月16……」）のスペースを短くしたかったからである。

［インデント］の設定

［インデント］とは段落先頭と末尾の位置を設定する機能のことである。段落の先頭を右に寄せたり、段落の末尾を左に寄せたり、1行目や2行目の頭を揃えたりできる。これにより体裁の整った文書が作成できる。

- インデントを設定したいときは、設定したい文字列を選択する（①）。
- ［レイアウト］タブ（②）→［段落］グループ→［インデント］（③）にある［左］の［△］（④）で設定する。

◇④を変更すると、ルーラーのインデントマーカー（⑤）も移動する。

◇なお、インデントのルーラーのインデントマーカーを左クリックしながらドラッグし、設定することもできる。

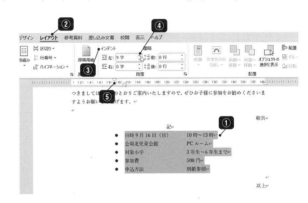

Column 19 インデントの詳細設定

［インデント］には、体裁を整えられるだけではなく、スペースで調整したときに起こる再調整の必要がなくなるというメリットもある。

○左側の［インデント］には、「1行目のインデント」（①）と「ぶら下げインデント」（②）、「左インデント」（③）がある。1行目のインデントは各段落の1行目のみの位置の設定を、ぶら下げインデントは各段落の2段落目以降の位置の設定を、左インデントは段落全体の位置の設定を行う。

○右側のインデント④は段落の折り返し位置を設定できる。

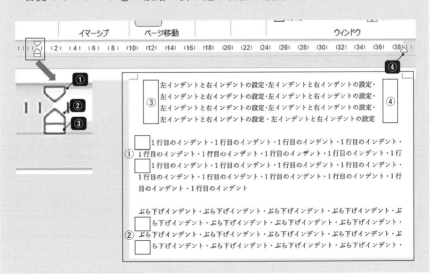

Column 20 左右のインデントについて

- 左インデントは、段落全体を右側に寄せるインデントである。文章の構成を明確化、箇条書きや段落番号付きリストを作成時に使用する。

- 右インデントは、段落全体を左側に寄せるインデントで、署名欄などで使われる。

- 左右のインデントを組み合わせることで、文書内の段落を効果的に区別できる。たとえば、長い文章を直接引用する場合、左インデントを設定し、さらに右インデントを加えることで、引用文が本文から浮き立つように表現することが可能である。このように、左右のインデントを適切に使い分けることが重要となる。

- ただし、左右のインデントを過度に使用すると、文書全体の一貫性が失われ、読みづらくなる恐れがある。インデントの幅は、文書の種類や目的に応じて調整し、統一感を保つように心がけることが大切である。また、ほかの書式設定（フォントサイズ、行間隔など）とのバランスも考慮することも大切である。

Column 21 キーボードショートカット

複数のキーを組み合わせて利用することにより、マウスを使って実行していた操作をキーボードのみで簡単に行うことができる。

たとえば、画像などをコピーするとき、マウスでは画像を選択して右クリック→［コピー］するが、ショートカットでは画像を選択し［Ctrl＋C］でコピーできる。

慣れていないときは難しく感じるかもしれないが、［Ctrl＋C］［Ctrl＋V（貼り付け）］などを組み合わせれば、手早く作業を進めることができる。

ショートカットはたくさんあるが、以下は代表的なものである。

- Ctrl＋C　　コピー
- Ctrl＋V　　貼り付け
- Ctrl＋Z　　元に戻す（1つ前の状態に戻す）
- Ctrl＋Y　　操作をやり直す（「Ctrl＋Z」で戻した作業をやり直す）
- Ctrl＋X　　切り取り
- Ctrl＋F　　検索
- Ctrl＋H　　検索と置換
- Win マーク＋E　　　エクスプローラーを表示

［ワードアート］の挿入

　［ワードアート］は文字にさまざまな修飾、デザインの効果を付けたものである。ワードアートを使うことで文字を多彩に表現することができる。

◇ワードアートは図形扱いの文字になる。

- ワードアートを挿入したいときは、［挿入］タブ→［テキスト］グループ→［ワードアート］（①）をクリックするとプルダウンメニューが表示されるので、求めるワードアートを選択する（②）。
- 下の図のように「ここに文字を入力」というプレースホルダー（③）が表示されるので、タイトルなどを入力する。
- 入力したワードアートのデザインを変更したい場合は、ワードアートを選択すると［図形の書式］タブ（④）が表示されるので［ワードアートのスタイル］（⑤）の［文字の輪郭］（⑥）や［文字の効果］（⑦）などで変更することができる。

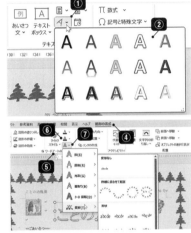

Column 22　ワードアートのカスタマイズ

上記の通り、ワードアートは［図形の書式］タブを使って更なるカスタマイズが可能である。

- ワードアートに入力したテキストを選択し、［ホーム］タブからフォントを変更することができる。
- また、ワードアートは、テキストの色や形状、影などを変更することで、より独自のデザインに仕上げることが可能である。

◇テキストの色を変更するときは、［ワードアートのスタイル］内の［文字の塗りつぶし］から行う。

◇［文字の輪郭］は色、幅、線スタイルを選んで、文字の輪郭を調節する。

◇［文字の効果］にはテキストを立体的に見せたり、影を付けたりするなど、さまざまな効果が揃っている。

ワードアートのスタイル

［ページの背景］の設定

　Wordでは、ページの背景に色や画像を設定して、見栄えのよいものを作成することができる。

◇文書の背景に文字列や図を淡く表示する「透かし」は「社外秘」「サンプル」などの文字列を入れたり、シンボルマークをさりげない装飾に使ったりするときに便利である。

●ページ背景を設定したいときは、［デザイン］タブ（①）→［ページの背景］グループ→［ページの色］（②）をクリックするとプルダウンメニューが表示されるので、求める色を選択する。

◇［その他の色］（③）や［塗りつぶし効果］（④）をクリックすると、より細かい設定が可能である。

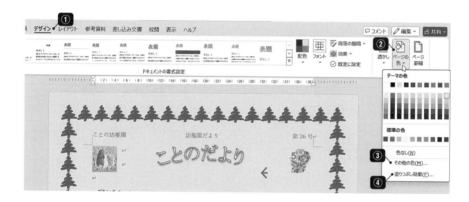

Column 23　挿入した画像の解像度の調整

挿入した画像のファイルサイズが大きい場合、Wordのファイルサイズも大きくなる。1つずつ、画像のファイルサイズを下げるのは大変なので、設定でファイルサイズを調整することができる。

○［ファイル］→［その他］→［オプション］をクリックすると［Wordのオプション］ダイアログボックスが表示される。

○［詳細設定］（①）の［イメージのサイズと画質］（②）で、［既定の解像度］（③）を変更することにより設定できる。

◇ただし、一度解像度を下げてしまうとその後上げても画質はよくならないので注意が必要である。

○Macの場合は、［Word］→［環境設定］→［編集］をクリックすると［イメージのサイズと画像］が表示される。

Column 24 [透かし] の挿入とそのメリット

ページの背景には、[透かし] を入れることができる。

○ [デザイン] タブ→[ページの背景] グループ→[透かし]（①）をクリックするとプルダウンメニュー（②）が表示されるので、その中から求めるものを選択する。

○ Mac の場合は、[透かし]（①）をクリックすると [透かしの挿入] ダイアログボックスが開く。[本文] を選択しプルダウンメニューから求めるものを選択できる。

◇ 透かしは、文書の機密性を視覚的に示し、無断コピーを抑止する効果がある。また、ビジネス文書においては企業ロゴを透かしにすることで、ブランドイメージを強化し、プロフェッショナルな印象を与えられる。

◇ さらに、「社外秘」や「草案」などの文言を透かしにすることで、文書の状態や取扱注意の度合いを一目で伝えることができる。これにより、情報管理が徹底され、ミスコミュニケーションのリスクも軽減される。

◇ 透かしに入れる素材としては、「社外秘」や「草案」などの文字情報や、イラストなどの画像、製品や建物の単色処理した写真などがある。

◇ なお、透かしの濃さや配置にも注意を払い、本文の可読性を損なわないよう調整することが大切である。

［ページ罫線］の設定

　［ページ罫線］とは、Wordの用紙を囲む飾り線のことである。［ページ罫線］を入れることにより、やわらかい印象を与えたり、メリハリの利いた印象を与えたりすることができる。

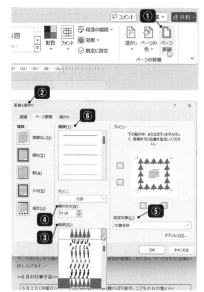

- ［ページ罫線］を設定したいときは、［デザイン］タブ→［ページの背景］グループ→［ページ罫線］（①）をクリックすると［罫線と網かけ］ダイアログボックス（②）が表示される。
- ［ページ罫線］の［絵柄］（③）をクリックするとプルダウンメニューが表示されるので、求めるものを選択する。
◇［線の太さ］（④）や［設定対象］（⑤）も選択可能で、［種類］（⑥）では絵柄ではなく、各種の線なども選択可能である。
◇［絵柄］などは限られているので、求めているものがない場合もある。そのような場合は、インターネットで「ページ罫線　無料」などと検索するとよい。

Column 25 ショートカット：Macの場合

Macでショートカットを行いたい場合は、［command（⌘）］との組み合わせで行うことが多い。たとえば、コピーをしたいときは［command + C］、ペーストをしたいときは［command + V］、検索と置換をしたいときは［command + shift + H］といった具合である。Windowsで［ctrl］を用いる部分を［command］に替えることで同じ作業ができることが多いが、異なるものもあるので色々と試してみるとよいだろう（たとえば、上記の「検索と置換」は［control + H］でも可能）。

[表] の作成

表は情報を直観的に把握するのに優れており、文字情報や数値情報を比較したいときや、細かい数値情報を提供するのに適している。

- [表] を作成したいときは、[挿入] タブ→[表] グループ（①）→[表] をクリックし、表に必要なセル（□で示されている）を選択する（②）。
◇ [表] は、[表の挿入]（③）から [列数] と [行数] を設定することで作成することもできる。
◇ [表] のセルの大きさを変更したいときは、罫線にポインターを重ねると④のようになるので、左クリックしながら罫線を移動させる。

Column 26 [テーブルデザイン] タブと [レイアウト] タブ

○ [表] を作成すると [テーブルデザイン] タブ（①）と、[テーブルレイアウト] タブ（②）が表示される。
○ セルの塗りつぶしや罫線の変更は [テーブルデザイン] タブから、セルや行の追加や削除は [テーブルレイアウト] タブから行う。
◇ [テーブルデザイン] タブなどは、表が選択されていないときは表示されていない。表示したいときは、表を選択するとよい。

Column 27 セルの並べ替え

Word で作成した表のデータも Excel のときと同じく、並べ替えをすることができる。これらを活用することで、単なるデータの羅列ではなく、分析や比較がしやすい表を作成できる。表の適切な使用は、文書の質を大きく向上させる重要な要素となる。
○ 並べ替えを行うには、表を選択し、[テーブルレイアウト] タブ（①）→

[データ] グループにある [並び替え] (②) をクリックすると、[並び替え] ダイアログボックスが表示されるので、[優先されるキー] (③) などを設定することにより設定することができる。

	国語	算数
佐藤 美咲	5 7	8 3
田中 翔太	6 9	4 2
山本 恵子	9 5	6 1

	国語	算数
田中 翔太	6 9	4 2
山本 恵子	9 5	6 1
佐藤 美咲	5 7	8 3

［ルビ］の作成

ルビは、文字列にふりがなを振る機能のことである。児童生徒がまだ習ってない漢字や難しい漢字、英単語や特別な読み方をする場合などに日本語の読みを表示するのに利用する。

- ルビを振りたいときは、文字列を選択（①）し、［ホーム］タブ→［フォント］グループ→［ア亜］（②）をクリックする（Macは同じ場所に［abc/A］で表示されている）。
- ［ルビ］ダイアログボックスが表示されたら対象文字列とルビ（基本的には漢字の部分）が表示される（③）ので、必要に応じて変更（④）し、プレビュー（⑤）を確認して［OK］で確定する。
◇ ルビのフォントサイズが大きい場合は、［サイズ］で大きさを変更する。

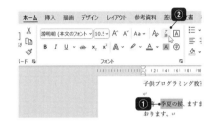

Column 28 任意のルビを振る一方法

○ 右図のように、選択した範囲内のすべてに任意のルビを振りたい場合は、［ルビ］ダイアログボックスを表示後、［文字列全体］（①）をクリックする。

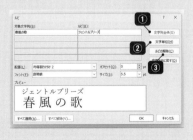

◇ その際、［ルビ］ダイアログボックス内にある［配置］［オフセット（ルビと文字列との間隔）］［フォント］［サイズ］を変更することである程度見た目を変えることができる。

○ 文字列全体に振ったルビを解除したい場合は、［ルビ］ダイアログボックスを表示して、［文字単位］（②）をクリックすることでつなげた文字列を元に戻すことができ、［ルビの解除］（③）でルビ振りを解除することができる。

Column 29 囲い文字と囲み線

強調したい1つの文字を枠で囲む「囲い文字」、複数文字の場合は「囲み線」という機能を利用することにより、任意の言葉を枠で囲むことができる。

○加工したい文字をカーソルで選択し、[ホーム]タブ→[フォント]グループにある「囲い文字」(①)をクリックすると、[囲い文字]ダイアログボックスが表示されるので、[スタイル](②)から求めるものを選択する。

◇複数文字の場合は、「囲み線」(③)をクリックする。

◇枠の色は、「囲い文字」の場合はフォントの色だが、「囲み線」の場合は初期設定で「黒」になっており、文字の色には対応してない。

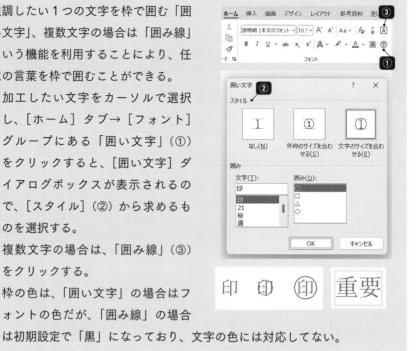

［ヘッダー］の挿入

　Wordにおける［ヘッダー］とは、文書の上の余白部分を指す。本文のより上にある領域にロゴや文字、文書のタイトルなどを記述する。

- ［ヘッダー］を挿入したいときは、［挿入］タブ（①）→［ヘッダーとフッター］グループ→［ヘッダー］（②）をクリックするとプルダウンメニュー（③）が表示されるので、求めるヘッダーを選択する。
- ◇ヘッダーを選択すると、［ヘッダーとフッター］タブ（④）が表示される。
- ［ここに入力］（⑤）と書かれた部分を選択し、必要に応じて文字を入力する。
- 入力したら、［ヘッダーとフッターを閉じる］（⑥）をクリックする。
- ◇［ヘッダーとフッター］タブは、ヘッダーとフッターを編集しているときにのみ表示される。再表示したいときは、ヘッダーの部分をダブルクリックなどするとよい。

Column 30　フッターの挿入

　［フッター］とは、文書の下の余白部分を指す。本文より下にある領域にページ番号やロゴなどを記述する。

○［フッター］を挿入したいときは、［挿入］タブ→［ヘッダーとフッター］グループ→［フッター］（①）をクリックするとプルダウンメニュー（②）が表示されるので、求めるフッターを選択する。

Column 31　文書の顔と足元を整える

○学級通信や園だより、レポートの印象を左右する重要な要素、それがヘッダーとフッターである。ページ上部に配置されるヘッダーは、文書の「顔」とも言える存在で、一般企業における文書の場合、会社名やロゴ、文書タイトルなどを効果的に配置することで、プロフェッショナルな印象を与えられる。一方、ページ下部のフッターは、ページ番号や著作権情報、連絡

先などを記載する。これらの情報は、文書の管理や引用の際に重要な役割を果たす。
- ヘッダーとフッターを適切に設定することで、文書の一貫性が保たれ、読み手に安心感を与えることができる。また、セクションごとに異なるヘッダーを使用すれば、文書の構造をより明確に示すこともできる。
- ヘッダーとフッターは、文書の完成度を高める重要な要素であるが、過剰な装飾や情報過多は逆効果となる可能性があるため、シンプルかつ効果的なデザインを心がけることが大切である。

Column 32 貼り付けのオプション

たとえば PowerPoint で 2 枚目のスライドを複製しようと思って（サムネイルペインで 2 枚目のスライドを選択し、[Ctrl + C] などで）スライドをコピーし、サムネイルペインの 2 枚目と 3 枚目の間に [Ctrl + V] などでスライドを貼り付けたとき、2 枚目に設定した背景などがうまく反映されていないことがある。

- これと同様のことは、スライドの場合だけではなく、文字列やグラフなどの場合でも起きうる。
- これは、貼り付けたときに [貼り付け先のテーマを利用] などで貼り付けられるからであり、うまく貼り付けることができない場合は、右クリック→ [貼り付け] → [貼り付けのオプション] で [元の書式を保持] などを選択する。
- なお、貼り付けようとするものによって、[貼り付けのオプション] で表示されるものは異なる。貼り付けのオプションには以下のようなものがある。

- 図…コピーしたものを図として貼り付ける。図として貼り付けると、貼り付けたものは写真のように変更などはできないので、変更の可能性のあるグラフなどを貼り付けるときは注意が必要である。
- 元の書式を保持…コピーした書式（スライドの場合は背景などを含む／文字の場合は [間隔] などを含む）をそのまま貼り付ける。貼り付けた後に加筆などの変更は可能である。
- テキストのみ保持…コピーしたもののうち、設定した書式などを除いたテキストのみを貼り付ける。

［段落背景色］の設定

［段落背景色］は文字に背景色を付ける［文字列背景色］と異なり、段落に付ける背景色のことである。見出しやタイトルなどの段落に背景色を付けることにより、メリハリのある文書を作成することができる。

- ［段落背景色］を作成したいときは、［段落背景色］を設定したい文字列を選択（①）し、［ホーム］タブ（②）→［段落］グループ→［罫線］の［∨］（③）をクリックするとプルダウンメニューが表示されるので、［線種とページ罫線と網かけの設定］（④）を選択する。
- 表示された［罫線と網かけ］ダイアログボックスで、［罫線］（⑤）では［種類］や［線の太さ］、［網かけ］（⑥）では［背景の色］（⑦）などを選択し、［設定対象］（⑧）を［段落］にして［OK］をクリックする。

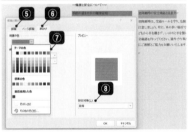

Column 33 文書の可読性と魅力を高める

○ 段落背景色は、文書の視覚的な構造化と強調に役立つ。適切に使用すれば、重要な情報を際立たせ、文書の可読性を大幅に向上させることが可能である。

◇ ただし、背景色の使用には注意が必要で、過度な使用や不適切な色の選択は、かえって文書を読みにくくする可能性がある。コントラストを考慮し、テキストの可読性を確保することが重要である。

◇ また、印刷時の見え方も考慮に入れ、設定するとよい。

可読性のよい例と悪い例

可読性が高い（黄色地に黒文字）
今月のお知らせ

可読性が低い（黄色地に白文字）
今月のお知らせ

［段組み］の設定

［段組み］とは、一枚の用紙に文章などをレイアウトする際にブロックを分けることをいう。2段や3段のブロックに分けることで、内容の理解を促し、スペースを有効に使うなどのメリットがある。1ページを複数の列に分割することで、1行の文字数が減り、読みやすさが向上する。

- ［段組み］を設定したいときは、設定したい文字列を選択（①）し、［レイアウト］タブ（②）→［ページ設定］グループ→［段組み］（③）をクリックするとプルダウンメニューが表示されるので、求める段組みを選択する。
◇ 右図は、2段組みに設定したときの例である。
◇ なお、上記ではベタ打ちしたものを前提に説明したが、文字入力する前に段組みを設定してもよい。

Column 34 段組みの詳細設定

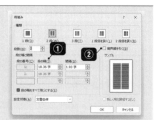

○ ［段組みの詳細設定］（上図④）を選択すると、［段組み］ダイアログボックスが表示される。ここでは、各段落の幅を変更したり（①）、段落の間に境界線を引いたり（②）することもできる。

Column 35 段組みのメリット

○ 段組みは文書の読みやすさと見栄えを向上させる効果的な手法である。長文の場合、2段や3段組みにすることで、横方向の視線移動を減らし、読みやすさが向上する。段組みは、雑誌風のレイアウトやニュースレター作成に適している。

○ ただし、段組みを使う際は、フォントサイズや行間、段間隔にも注意が必要となる。

○ また、特定の段落のみ段組みを変更することで、重要な情報を強調することも可能で、さらに、段組みを効果的に活用するには、各段の長さをできるだけ揃え、見出しの配置にも気を配ることで、バランスの取れた美しいレイアウトを実現することができる。

[SmartArt] の挿入

SmartArt とは、仕事の現場でよく使われる組織図やプロセス図といった図形が簡単に作成できる機能である。メッセージに適したレイアウトを選んで、情報やアイデアの視覚的な表現を行うグラフィックが作成できる。

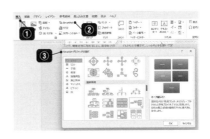

◇ [階層構造] にある [組織図] は、学校や会社の階層構造や報告系統を図示するときに利用するものである。部門や役職を示すボックスを線で結んで階層関係を表すことにより、誰が誰に報告するのか、各部門の関係性などが一目で分かる。

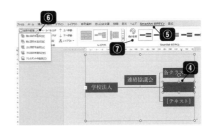

◇ [手順] にある [プロセス図] は、行事実施までの流れや手順を視覚的に表現するときに利用するものである。開始から終了までの各ステップを図形で表し、矢印でつないで順序や関係性を示す。

● [SmartArt] を挿入したいときは、[挿入] タブ（①）→ [図] グループ→ [SmartArt]（②）をクリックすると [SmartArt グラフィックの選択] ダイアログボックス（③）が表示されるので、求める SmartArt を選択する。

以下では、[階層構造] の [水平方向の組織図] をもとに説明する。

● 選択した SmartArt が挿入されたら、図形に示された [テキスト] をクリック（④）し、文字を入力する。

◇ 図形を追加したければ、SmartArt を選択しているときに表示される [SmartArt のデザイン] タブ（⑤）を選択し、[図形の追加] の [▽]（⑥）から図形を追加する。

◇ [色の変更]（⑦）をクリックすると、SmartArt の図の色を変更することができる。

Column 36 SmartArt の主な特徴

多様なレイアウト：階層図、プロセス図、サイクル図など、さまざまな種類のグラフィックテンプレートが用意されている。

○ カスタマイズ性：色、スタイル、効果を簡単に変更でき、文書やプレゼンテーションの雰囲気に合わせられる。

○ テキスト入力の簡便さ：箇条書きリストを入力するだけで、自動的にグラフィックに変換される。

○動的な調整：テキストや図形を追加・削除すると、レイアウトが自動的に調整される。
○一貫性のあるデザイン：文書全体で統一感のあるグラフィックを作成できる。
○相互運用性：Word だけでなく、Excel や PowerPoint など他の MicrosoftOffice アプリケーションとも互換性がある。

SmartArt のグラフィック一例

左右交替積み上げ六角形
相互に関連する一連の概念を表すレイアウトで使用します。第 1 レベルのテキストは図形の内側に表示されます。第 2 レベルのテキストは図形の外側に表示されます。

自動配置の表題付き画像リスト
一連の画像を示すレイアウトで使用します。各画像の下に表示される吹き出し図形の中にタイトルと説明が表示されます。

2章　Word

［図形］の挿入

　図形は、文書に視覚的要素を追加するための多目的ツールで、Word には四角形や線、矢印、吹き出しなどさまざまな図形が用意されている。図形では色や形の編集はもちろん、文字を入力することもできるので、分かりやすい文書を作成することができる。

- ［図形］を挿入したいときは、［挿入］タブ（①）→［図］グループ→［図形］（②）をクリックするとプルダウンメニューが表示されるので、求める図形を選択する。

以下では、［吹き出し：円形］（③）をもとに説明する。

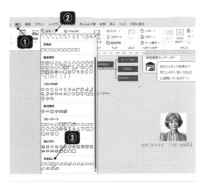

- 図形を選択するとポインターが［＋］（④）になるので、左クリックしながら図形を描く（⑤）。

◇［吹き出し］の吹き出し口の方向を変更させるには図形を選択し、吹き出し口の黄色く表示されている［○］にポインターを置くと⑥のようになるので、左クリックしながら方向を変更する。

- 挿入した図形の［塗りつぶし］や［線］を変更するには図形を右クリックし、［図形の書式設定］（⑦）を選択する。

- 右側に表示された［図形の書式設定］

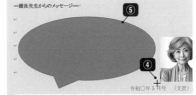

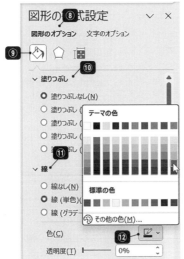

61

で、［図形のオプション］（⑧）→［塗りつぶしと線］（⑨）を選択し、［塗りつぶし］（⑩）や［線］（⑪）の［色］（⑫）などを変更する。

◇図を選択すると、⑬のように図形の周りに○が付いたバウンディングボックスが表示される。このバウンディングボックスを利用して、図形の拡大・縮小を行うことができる。

Column 37 ［吹き出し］への文字入力

○［吹き出し］には右図上のように、文字を直接入力することができる。

○一方、右図下のように［吹き出し］の上に［テキストボックス］を置き、そこに文字を入力する方法もある。

◇テキストボックスを追加することにより、文字枠に塗りつぶしや、罫線、効果を付けることができる。

◇また、「Column 42　グループ化」で説明しているように、［吹き出し］と［テキストボックス］をグループ化すると、図形を移動させるときは便利である。

Column 38　図形の種類

○図形には、線・四角形・基本図形・ブロック矢印・数式図形・フローチャート・星とリボン・吹き出しといったさまざまな種類が用意されている。これらの図形は選択してドラッグするだけで描画することができる。

○［フローチャート］を利用すると右図のようにプログラミングの説明で利用できるフローチャートが簡単に作成できる。

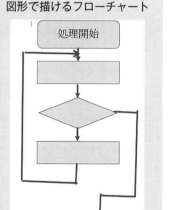

Column 39　図形の整形

○［Shift］キーを押しながら対角線にドラッグ操作で描画すると、右図上のように縦横比率を1：1で図形が描くことができる。

○［Ctrl］キーを押しながら対角線にドラッグ操作で描画すると、右図下のように引き始めを図形の中心点として描ける。

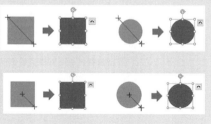

○変形の際に［Shift］キーを押しながらドラッグすると、縦横比率が保たれたまま図形の大きさが変わる。

Column 40 さまざまな矢印の挿入

たとえば右図上のように、グラフに矢印を置いて上昇を強調したいときなどがある。しかし、「図形の挿入では、いい感じの矢印がない」「ネットで探したら、有償のものだったので使えない」などの声を聞くことがある。
そのようなときは、［アイコン］を利用する方法がある。
○［挿入］タブ（①）→［図］グループ→［アイコン］（②）をクリックする。
○［ストック画像］ダイアログボックス（③）が表示されるので、求める画像（④）を選択し、［挿入］をクリックする。
◇［アイコン］は、インターネットにつながっていなければ PC 内の画像のみ表示されるので、インターネットに接続した状態で利用すること。
○挿入したアイコンは、［グラフィックス形式］（⑤）で挿入される。
◇そのまま利用してもよいが、［図形に変換］（⑥）をクリックすると、挿入した矢印のアイコンが、使い慣れた図形として扱うことができる。
◇［グラフィックス形式］で利用する場合でも、［図形に変換］して利用する場合でも、（［行内］で挿入されているので）［文字列の折り返し］（⑦）を［四角形］や［前面］などに変更した方がいい。

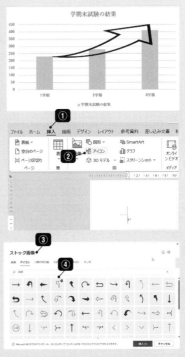

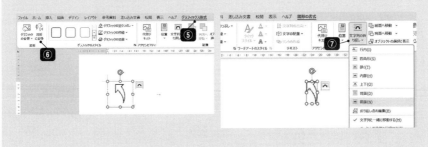

［テキストボックス］の挿入

　Wordで文字を入力するとき、基本的には決められた行に入力することになる。しかし、行の途中から複数行、文字を入力したいときはスペースで揃えようとしてもうまくいかないことがある。そのような場合には［テキストボックス］を挿入し、そこに文字を入力すれば、好きな場所に配置することができる。

- ［テキストボックス］を挿入したいときは、［挿入］タブ（①）→［テキスト］グループ→［テキストボックス］（②）をクリックするとプルダウンメニューが表示されるので、求めるテキストボックスを選択する。

　以下では、［横書きテキストボックスの描画］（③）をもとに説明する

- ［横書きテキストボックスの描画］を選択すると、ポインターが［田］（④）になるので、左クリックしながらテキストボックスを描く。
◇ 文字を入力した後で大きさを変更すればよいので、このとき、大きさはそれほど気にする必要はない。
- ［テキストボックス］に文字を入力する。
◇ ［テキストボックス］を選択すると、図形の周りに〇が付いたバウンディングボックス（⑤）が表示される。［テキストボックス］が小さかった場合は、このバウンディングボックスを利用して、［テキストボックス］を拡大するとよい。

Column 41　テキストボックスの［塗りつぶし］と［線］について

挿入した［テキストボックス］は、［塗りつぶし］の色が「白」、［線］の色が「黒」になっている。

○ たとえば、「Wordの背景色を変更しているのでテキストボックスが浮いてしまう」「線が必要ない」などの場合は、［テキストボックス］を選択して右クリックし、［図形の書式設定］（①）を選択する。

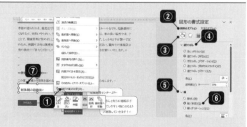

○ ［図形の書式設定］作業ウィンドウが右側に表示されるので、［図形のオプション］（②）→［塗りつぶしと線］（③）を選択し、［塗りつぶし］（④）や［線］（⑤）の［色（単色）］（⑥）などを変更する。

◇ 上の方法で、右クリックしても［図形の書式設定］が表示されない場合は、［テキストボックス］の文字入力の部分を選択してしまっている可能性がある（このときは、テキストボックスが点線で囲まれている）。そのようなときは、［テキストボックス］の四角い枠の部分（⑦）を選択して右クリックすると［図形の書式設定］が表示される（このときは、テキストボックスが実線で囲まれている。なお、Macではどちらも実線で表示されるので注意が必要である）。

Column 42 グループ化

たとえば地図のような複雑な図形を作ったときは、複数の図形を［グループ化］しておくと便利である。グループ化すると、個々の図形の位置関係を保ったまま複数の図形またはオブジェクトを単一の図形またはオブジェクトのように回転、反転、移動、またはサイズ変更できる。

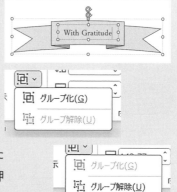

○ ［グループ化］したいときは、［Ctrl］または［Shift］キー（Macは［shift］キー）を押しながら図形や図（写真・画像）、またはその他のオブジェクトをクリックする。ポインターが［⁂］の状態で右クリックし、［グループ化］→［グループ化］を選択する。

○ ［グループ化］を解除したい（元のバラバラに戻したい）ときは、［グループ化］したものを右クリックし、［グループ化］→［グループ化の解除］を選択する。

◇ 挿入した写真と図形をグループ化するときに［Ctrl］キーを押しながらクリックしても選択できないときがある。このようなときは、写真の［文字列の折り返し］を変更してみるとよい。

Column 43 図形の書式

○挿入した［図形］の書式設定は、画像を選択したときに表示される［図形の書式］タブから変更できる。

○［図形］の書式設定は、Wordで作成した図形の外観をカスタマイズするための重要な機能で、主な設定項目とその効果は次の通りである。

◇塗りつぶし：
色、グラデーション、テクスチャ、画像などで図形の内部を埋めることができる。透明度も調整可能で、背景が透けて見えるような効果も作れる。

◇枠線：
線の色、太さ、スタイル（実線、破線など）を変更可能。図形の角を丸くしたり、矢印を付けたりすることもできる。

◇効果：
影、反射、光彩、ソフトエッジなどの効果を追加できる。3D回転や傾斜で立体的な表現も可能。

◇サイズと位置：
正確な寸法や回転角度を指定できる。ページ内での配置も細かく調整可能。

［画像］の挿入

［画像］には、パソコンやスマートフォンに保存されている自分が撮影した写真や制作したイラストのほか、Microsoftが用意したストック画像、Microsoftが提供している検索エンジンサービスBingを使って検索した画像などがある。

画像を挿入することにより、イメージやそのときの様子などがより伝わりやすくなる。

- ［画像］を挿入したいときは、［挿入］タブ→［図］グループ→［画像］（①）を選択するとプルダウンメニュー（②）が表示されるので、画像の挿入元を選択する。

◇［このデバイス］［モバイルデバイス］［ストック画像］［オンライン画像］のいずれかをクリックする。

◇［このデバイス］では、パソコンのフォルダに保存している写真やイラストを挿入できる。写真などを選択し、「挿入ボタン」をクリックすればカーソルのある部分にその画像が挿入される。

◇［モバイルデバイス］では、初回はセットアッププロセスが求められる。一度セットアップすると、サインインすれば、Microsoftの製品とサービスを通じてスマートフォンのコンテンツにアクセスできる。

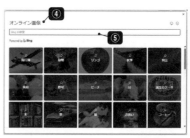

- ［ストック画像］を選択すると、［ストック画像］ダイアログボックス（③）が表示される。ストック画像の一覧画面のダウンロードが始まり、終わると初期画面になる。画像の種類と数量が大変多いのでトップにメインジャンル、下にブルー表示されているサブジャンルで絞り込みをする。

- ［オンライン画像］を選択すると、［オンライン画像］ダイアログボックス（④）が表示される。検索窓（⑤）にキーワードを入力して検索結果から必要な画像を選択して挿入する。検索結果はフィルターから絞り込みを行えるほか、著作物の共有と再利用を促進するための国際的な非営利組織およびそのライセンス

体系であるクリエイティブコモンズ（Creative Commons、略称CC）の条件のもののみを選択できる。

◇著作権を意識するため、クリエイティブコモンズのチェックは外さないようすること。

◇画像を挿入すると、基本的にその画像には［行内］が設定されている。［行内］では、画像は1行の中に配置されるので、挿入した画像は動かしにくい。そのままでもよいが、［前面］や［四角形］などにすると自由に動かすことができる。なお、この設定は［文字列の折り返し］で行う。詳しくは Column 44 「文字列の折り返し」を確認すること。

Column 44 文字列の折り返し

Word に［画像］を挿入した後は、必ず［文字列の折り返し］を設定する（確認する）必要がある。［文字列の折り返し］の種類には、主に以下のものがある。

◇行内：
テキストの一部として扱われる。

◇四角形：
画像の周りにテキストが四角形に配置される。

◇背面：
画像が文字の背後に配置される。

◇上下：
テキストが上下の行に表示される。

◇前面：
画像が文字の前面に配置される。

○設定方法（1）：
右図中央のように、画像を選択する（①）と、［図の書式］タブ（②）が表示される。次に［配置］グループ→［文字列の折り返し］（③）をクリックするとプルダウンメニューが表示されるので、求めるものを選択する（④）。

○設定方法（2）：
Windows では右図下のように、画像を選択（⑤）した際に、画像の右側

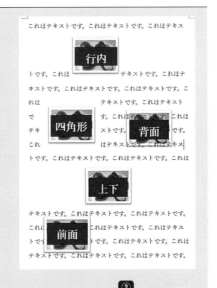

に表示される［レイアウトオプション］（⑥）のアイコンから、文字列の折り返し設定を行うこともできる。Mac では、右クリック→［文字列の折り返し］から設定する。

Column 45　自身で描いたイラストの取り込み

○自分で描いたイラストを取り込むには、まず画像をデジタル化してスマートフォンやパソコンに取り込む必要がある。イラストなどはスキャナや取り込みのアプリを使うと、デジタル化することができる。スキャニング用のアプリは検索するといくつかあるが、無料のものでもいくつかあるため、まずはデジタル化からの転送方法を検討するとよい。

以下は、「Microsoft Lens - PDF Scanner」のダウンロードページである（2025 年 1 月現在）。

iPhone

https://apps.apple.com/jp/app/microsoft-lens-pdf-scanner/id975925059

Android

https://play.google.com/store/apps/details?id=com.microsoft.office.officelens&hl=ja

画像の背景の削除

　画像を挿入したとき、背景に写っているものが不必要なときがある。また、イラストを挿入したとき、背景が四角く白く表示されているときがある。このようなとき、背景を削除する方法がある。

●画像の背景を削除したいときは、挿入した画像を選択し（①）、［図の形式］タブ（②）→［調整］グループ→［背景の削除］（③）をクリックすると、画像の一部が「紫色」になる。

◇紫色の部分が「消える部分」である。

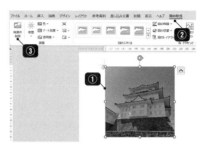

●［背景の削除］タブ→［設定し直す］グループ→［保持する領域としてマーク］（④）をクリックすると、ポインターがペンのような形になる。

●左クリックしながら、「消えてほしくない部分」を選択する（⑤）。

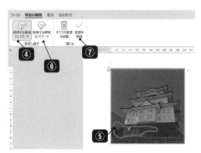

◇右図中央では丸く囲っているが、必ずしもそうする必要はない（線を引くだけでも、その部分が紫色ではなくなる）。

◇なお、せっかく「保持」した（紫色でなくなった）のに、別の部分を選択すると、紫色に戻ることがある。

◇消したいのに紫色になっていない部分は、［削除する領域としてマーク］（⑥）をクリックして、その部分を選択して紫色にする。

●求めるように選択することができたら、［変更を保持］（⑦）をクリックすると右図下のようになる。

Column 46 背景色の削除（透明化）（1）

　上記のように、背景にさまざまなものが映っている写真などではなく、インターネットなどからダウンロードしたイラストに四角く白い背景色が付いていて、それを削除したい（透明にしたい）ときがある。

○背景色を削除したいときは、イラストなどを選択し、［図の形式］タブ→［調整］グループ→［色］（①）をクリックするとプルダウンメニューが表示されるので、［透明色を指定］（②）を選択する。

○イラストなどのうち、透明にしたい部分をクリックする（③：今回は背景）と背景色が削除（透明化）される。

◇背景色が「白」でイラストの体の一部も「白」の場合、体の一部も透明になるので注意すること。

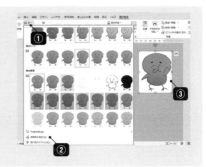

Column 47 背景色の削除（透明化）（2）

上記のように、PC 上で［背景の削除］や［透明色を指定］などを使って背景を削除することもできるが、写真やダウンロードしたイラストなどの背景をスマートフォンの機能やアプリなどで削除し、それを PC で利用する方法もある。
○iPhone の場合は、背景の切り抜き機能を利用する。
◇アプリをインストールするときは、「写真」「背景」「透明」などで検索するとよい。

Column 48 画像の透明度の変更

挿入した画像の色を薄くして、文字の背面で利用したいときなどがある。
○画像の透明度を変更したいときは、イラストなどを選択し、［図の形式］タブ→［調整］グループ→［透明度］（①）をクリックするとプルダウンメ

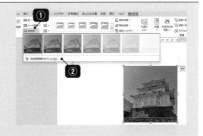

ニューが表示されるので、求める透明度に変更することができる。
◇［図の透明度のオプション］（②）では、より細かく変更することができる。

Column 49 トリミング

Word に挿入した画像の背景などに余分な部分がある場合は、不要な部分を削除することができる。このような手法をトリミングという。トリミングは［ペイント］などでも可能だが、以下では Word での方法を説明する。
○トリミングしたいときは画像を選択し、［図の形式］タブ→［サイズ］グループ→［トリミング］（①）をクリックするとプルダウンメニューが表示されるので、［トリミング］（②）を選択する。
○次ページの右図上のように、画像が［├┤］や［└┘］のハンドルで囲まれる（③）ので、ハンドルを左クリックしながら画像をトリミングする（④）。
◇トリミング中、右図下のように、削除される部分の色はグレーになる。

○ トリミングし終えたら、[Enter] を押下する。

◇ 右図下の右側がトリミングしたものである。

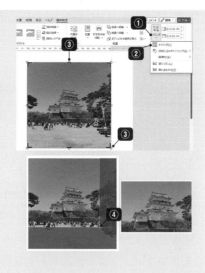

Column 50 モザイクの挿入

撮影した写真に、許可を得ていない人やモノが映り込んでいることがある。そのようなときは、その部分にモザイクを入れるとよい。以下では、車のナンバープレートを例に説明する。

○ モザイクを入れたいときは、まずは写真をコピーして2枚（①）にする。

○ 2枚目の写真を選択し、[図の形式] タブ→ [調整] グループ→ [アート効果]（②）をクリックするとプルダウンメニューが表示されるので、求める効果を選択する（右図では [ガラス] を選択した）。

○ アート効果を付けた2枚目の画像を右図中央のようにトリミング（Column 49「トリミング」参照）し、ナンバープレートのみ（③）にする。

○ 右図下のように、③を1枚目の写真の上に置く。

◇ 何かのきっかけでモザイクがずれてしまわないように、グループ化（Column 42「グループ化」参照）もしておくとよいだろう。

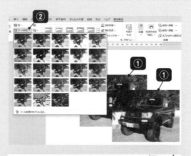

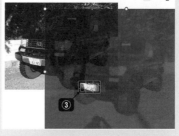

文書の校閲と共同編集

　文書作成において、複数の人が関わる校閲プロセスは非常に重要である。特に、レポートや論文、保護者への学級通信、ビジネス文書など、正確性が求められる文書では、他者からのフィードバックや修正が不可欠となる。

- Wordの「変更履歴」機能を使用することで、文書の修正過程を可視化し、複数人での校閲作業を効率的に進めることができる。変更履歴を活用すれば、文書の各部分がいつ、誰によって、どのように変更されたかを簡単に確認することができ、文書の変化の過程を把握し、必要に応じて以前のバージョンに戻すことも可能になる。
- ［校閲］タブ（①）→［変更履歴］グループ→［変更履歴の記録］（②）の［▼］→［すべてのユーザー］（③）または［自分だけ］を選択し、通常通り文書を編集する。
- 追加したテキストは下線付きで表示され（④）、削除したテキストは取り消し線で表示される（⑤）。
- 変更の承諾と拒否を行うには、変更箇所を右クリックし、適切な項目を選択する（⑥）。
- すべての変更をまとめて処理するには、［変更箇所］グループ→［承諾］の［▼］（⑦）をクリックし、［すべての変更を反映］（⑧）を選択する。

73

Column 51 エクスポート

エクスポートとは、たとえば Word で作成したファイルを、ほかのソフトでも利用することができるようにファイル形式を変えて保存することである。Word で作成した文書はさまざまな形式にエクスポートすることができ、それぞれの形式には特徴（メリット）がある。

◇リッチテキスト形式（rtf）は、基本的な書式を保持しながら、異なるワープロソフト間で文書を共有する際に便利である。

◇OpenDocument テキスト形式（odt）は、オープンな標準規格で、LibreOffice などのオープンソースソフトウェアとの互換性が高い。

◇Web ページ（html）は、文書を Web ページとして公開する際に使用される。

◇プレーンテキスト（txt）は、あらゆる環境で開くことができる最もシンプルな形式である。

○Word 文書をほかの形式にエクスポートしたいときは、［ファイル］タブ→［エクスポート］（①）を選択する。

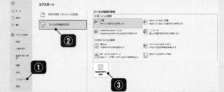

○［ファイルの種類の変更］（②）をクリックすると、サポートされているさまざまな形式のリストが表示されるので、目的の形式を選択し、［名前を付けて保存］（③）をクリックする。

○Mac の場合は、［ファイル］→［名前をつけて保存］を選択するとダイアログボックスが表示される。下部の［ファイル形式］のプルダウンメニューから求める形式を選び［保存］をクリックする。

Column 52 拡張子

ファイルは「ファイル名.拡張子」の名前で記録される。拡張子は、ファイルの種類を識別するためのものである。たとえば、［第 10 回の授業プリント.pdf］となっているファイルを選択すると、PC は拡張子を識別し、PDF を表示できるアプリで表示してくれる。

○［拡張子］を表示したいときは、ファイルなどが保存されているフォルダを開き、［表示］（①）をクリックするとプルダウンメニューが表示されるので、［表示］（②）→［ファイル名拡張子］（③）を選択する（選択すると「✓」が付く）。

◇きちんと選択できると、ファ

イルに拡張子が表示される（④）。

○ Mac の場合は、［Finder］の［設定］→［詳細］→［すべてのファイル名拡張子を表示］を選択する。

◇ doc、docx：Word の文書ファイル

◇ jtd：一太郎の文書ファイル

◇ xls、xlsx：Excel ファイル

◇ ppt、pptx：PowerPoint ファイル

◇ pdf：PDF フィル

◇ zip：圧縮ファイル

◇ bmp：圧縮されていない画像ファイル

◇ jpg：JPEG 形式で圧縮された画像ファイル

◇ gif：GIF 形式で圧縮された画像ファイル

◇ png：PNG 形式で圧縮された画像ファイル

◇ avi：AVI 形式の動画ファイル

◇ mp3：MP3 形式で圧縮された音声ファイル

Column 53 PDF への変換

デジタル時代の文書作成において、PDF への変換と互換性の確保は非常に重要なスキルである。

◇ PDF はフォントを埋め込む機能を持っているため、特殊なフォントを使用していても、そのフォントがインストールされていない環境でも正しく表示される（Word などでは、たとえば可愛いフォントを自身の PC にインストールして園だよりを作成しても、それを開いた人の PC に同じフォントがインストールされていなければ、一般的なフォントで表示されることになる）。

◇ PDF は文書の見た目を正確に保持し、作成者の意図を確実に伝えることができるフォーマットである。

◇ PDF は、「Portable Document Format」の略で、文書の portable（携帯性）を高めるために開発されたファイル形式であり、セキュリティ面では、パスワードによる暗号化や、閲覧、編集、印刷などの操作に対する権限設定が可能である。

○ Word 文書を PDF にしたいときは、［ファイル］タブ→［エクスポート］を選択する。

○［PDF/XPS ドキュメントの作成］（①）をクリックし、［PDF/XPS の作成］（②）をクリックすると「PDF または XPS で発行」ダイアログボックス（③）が表示される。

○ 保存先のフォルダ、ファイル名を指定し、必要に応じて［オプション］ボタン（④）から PDF の品質や含める範囲など（⑤）を設定する。

○［発行］（⑥）をクリックすれば、Word 文書が PDF として保存される。

○Macの場合は、［ファイル］→［名前をつけて保存］→［ファイル形式］のドロップダウンリストから［PDF］を選び［保存］をクリックする。また、［ファイル］→［プリント］を選び、左下にあるドロップリストから［PDFとして保存］を選んで［プリント］をクリックすることも可能である。

Column 54 互換性の確保

Wordには複数のバージョンがあり、使用する機能によっては旧バージョンでは正しく表示されない場合がある。異なる環境でも文書の内容や形式を適

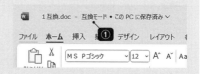

切に維持できるよう、互換性に配慮すること（互換性の確保）が大切となる。互換モードでは、新しいバージョンのWordで作成された文書を、古いバージョンのWordでも問題なく開けるようになる。

◇Wordで文書を開いたとき、その文書が互換性モードで動作しているかどうかはウィンドウ上部のタイトルバーの文書名の後ろに「互換モード」と表示されていれば（①）、その文書は互換性モードで開かれている。

○互換性モードで開いている文書を最新のWord形式に変換したい場合、［ファイル］タブ→［情報］を選択し、［変換］ボタンをクリックすると、文書が現行バージョンの形式に変換される。

○Macの場合は、［ファイル］→［ドキュメントの変換］で［OK］を押せばよい。

◇変換時にはレイアウトが若干変化する可能性があるため、変換後は文書全体を確認し、必要に応じて調整を行うこと。

3章 Excel

Excelは、表にデータと計算式を入力することによって、高度な計算とグラフ表示・統計処理、さらにデータ管理を行うことができるアプリケーションである。単機能の電卓と違い、データと計算式を保存することができるという利点がある。また、作成した表やグラフをほかのアプリケーション（Word、PowerPoint）で利用することにより、分かりやすい資料を作成することが可能になる。

Excelの画面の構成

①**タブ**…［ホーム］や［データ］などをクリックすると、その機能に応じた「リボン」が切り替わり②に表示される。

②**リボン**…関連する機能ごとにグループ化されたコマンドを実行するためのボタンが表示される。

③**名前ボックス**…選択されているセルの位置が表示される。

④**キャンセル・入力・関数の挿入**…入力をキャンセル・入力の決定・関数を選択することができる。

⑤**数式バー**…選択されたセルの内容が表示される。

⑥**アクティブセル**…処理の対象になるセルは、太枠で囲まれ、列・行の位置も色が変わる。

⑦**列番号**…セルの横位置である列番号が表示される。通常はアルファベット表示になる。

⑧**行番号**…セルの縦位置である行番号が表示される。1～1,048,576行までの整数値で表示される。

⑨**シート見出し**…作業しているシートを識別する。

⑩**新しいシート**…新しいシートを追加するためのボタン。

Excelの主なリボン

- ［ホーム］…［クリップボード］［フォント］［配置］［スタイル］［セル］など、入力作業でよく利用する。
- ［挿入］…［テーブル］［図］［グラフ］など、画像や図形、グラフ等を挿入するときに利用する。
- ［ページレイアウト］…［テーマ］［ページ設定］［拡大縮小印刷］など、テーマと印刷で利用する。
- ［数式］…［関数ライブラリ］［定義された名前］［ワークシート分析］［計算方法］などがまとめてある。
- ［データ］…データの取得と並び替え、フィルタリング、分析等をするときに利用する。

Excel の見本

〈表の作成〉

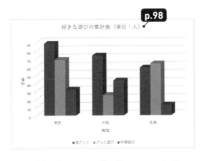

- p.82…ブックの新規作成とデータ入力
- p.86…四則計算（数式の入力）
- p.87…数式のコピー
- p.88…連続番号の入力
- p.90…簡単な計算
- p.91…［罫線］・［塗りつぶし］の設定
- p.92…セルの結合とセル内の配置
- p.94…表の印刷
- p.97…ブックを閉じる（保存）

〈統計グラフの作成〉

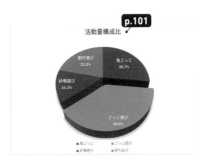

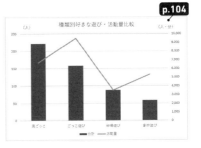

- p.98…棒グラフの作成（行／列の切り替え、グラフタイトルの入力、グラフ要素［軸ラベル：第1横軸］の追加、グラフ要素［軸ラベル：第1縦軸］の追加）
- p.101…円グラフの作成（グラフシートへの場所の変更、クイックレイアウトの利用と編集、グラフのスタイル・切り離しの設定）
- p.104…複合グラフの作成（グラフ要素の追加と編集）

〈関数の利用〉

修学旅行の費用 **p.106**　　割引率　80%　**p.106**

旅行先	旅費	割引率	実費用		旅行先	旅費	実費用
東京	15,850	82%	12,997		東京	15,850	12,680
大阪	9,990	74%	7,393		大阪	9,990	7,992
福岡	16,840	66%	11,114		福岡	16,840	13,472
平均	14,227	74%	10,501		平均	14,227	11,381

● p.106…参照（相対参照・絶対参照）

図書館貸出冊数　集計表

学年	月	火	水	木	金	合計	平均冊数
6年生	35	55	0	43	34	167	55.7
5年生	50	33	6	36	54	179	59.7
4年生	26	23	9	39	38	135	45.0
3年生	26	28	6	19	34	113	37.7
2年生	25	38	5	23	28	119	39.7
1年生	13	31	6	8	8	66	22.0
冊数合計	175	208	32	168	196	779	259.7

■統計表　**p.109**

学年数	6
最高貸出数	55.0
最低貸出数	0.0
全学年貸出数平均	26.0
全学年の中央値	42.3
全学年の最頻値	#N/A
全学年の標準偏差	12.4

● p.109…基本の関数

クラブ活動希望表

p.110　**p.111**

クラブ	今年度定員	今年度希望数	前年度希望数	今年度倍率	今年度構成比	前年度比	前年度比順位	備考
陸上競技	40	35	36	88%	13.2%	⇒ 97.2%	6	
バスケットボール	30	20	16	67%	7.5%	⬆ 125.0%	2	
バドミントン	20	29	26	145%	10.9%	⬆ 111.5%	3	定員オーバー
サッカー	50	40	60	80%	15.0%	⬇ 66.7%	8	
ドッジボール	40	57	52	143%	21.4%	⇒ 109.6%	4	定員オーバー
一輪車	15	20	19	133%	7.5%	⇒ 105.3%	5	定員オーバー
屋外スポーツ	20	24	17	120%	9.0%	⬆ 141.2%	1	定員オーバー
ダンス	35	41	45	117%	15.4%	⇒ 91.1%	7	定員オーバー
合計	250	266	271					

● p.110…相対参照と絶対参照の使い分け

● p.111…順位を求める関数、条件判断をする関数

学力テスト成績上位一覧表

No.	順位	名前	クラス	国語	算数	社会	理科	平均
30	1	太田	B組	94	97	95	91	94.3
2	2	松原	A組	52	85	97	96	82.5
3	3	鳥沢	C組	73	92	86	76	81.8
11	4	朽木	B組	92	98	49	76	78.8

≪比較≫

クラス	人数	平均合計	クラス平均
A組	11	769.8	70.0
B組	10	718.3	71.8
C組	9	616.0	68.4

● p.112…条件による集計

80

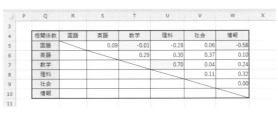

● p.113…発展的な分析　　　● p.114…条件付き書式の設定

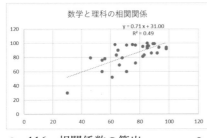
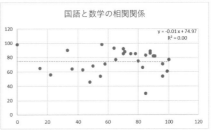

● p.116…相関係数の算出　　● p.118…散布図の作成と近似曲線の表示

【その他】

● p.119…発展：Excel を使って、不定形の面積を求める

ブックの新規作成とデータ入力

Excel で作成したファイルをブックといい、ブックは1つ以上のシートで構成される。1枚のシートは 1,048,576 行×16,384 列（A 列から XFD 列まで）のセルで成り立っている。

- Excel を起動すると右図上の画面が表示される。
- ブックを新規作成したいときは、［空白のブック］（①）をクリックすると［Book1.xlsx］が作成されるので、データ（文字列または数値）を入力する。
◇ Excel で扱うデータは2つあり、1つは［文字列］で、アルファベット・ひらがな・カタカナ・漢字・数字などの文字の組み合わせである。計算できないものとして扱われ、セル内の配置は通常［左詰め］になる。
◇ もう1つは［数値］で、計算可能な数値である。セル内の配置は通常［右詰め］になる。Excel は、通常の四則演算に加えて、多くの関数が用意されていて、いろいろな計算を行うことができる。

以下では、右図下を例に入力方法を説明する。
- 文字列の「カレー作り」（②）を入力するため、「A1」をマウスでクリックするか、カーソルキーで［アクティブセル］を移動させ、「A1」をアクティブにする。
- ［ひらがな］で「かれーづくり」と入力しスペースキーで「カレー作り」と変換し［Enter］を押下する。
◇［Enter］を押すと、アクティブセルが下の「A2」に移動する。
- 数値の「179」を入力するために、「D3」をマウスでクリックする。
- ［半角英数字］で「179」（③）と入力する。
◇ ほかのセルにも同様に文字列または数値を入力する。

Column 55 列の幅や行の高さを変更する方法

列の幅と行の高さは自由に変更することができる。
〈列幅を変更する方法〉
○ D 列の幅を変更したいときは、D 列と E 列の列番号の境界にマウスポインターを合わせる。すると、マウスポインターの形が［⊞］のように変わる（①）。
○ 境界線のポインターをドラッグすると、そばに列幅の数値がポップアップ

する（②）ので、数値を見ながら列幅を変える。

〈行の高さを変更する方法〉

○ ［列］の場合と同様に、［行］の高さを変える場合にも、行番号の境界にマウスポインターを合わせるとマウスポインターの形が変わる（③）のでドラッグして高さを変更する。

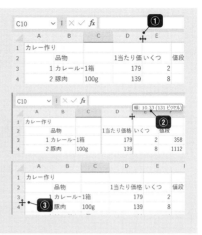

Column 56 データの確定とアクティブセルの移動に用いるキー

○ データを入力し、［Enter］キーを押すことによりデータが確定し、アクティブセルが下に移動すると説明したが、↓キーを押下しても同じことができる。

そのほかに、以下のようなものもある。

◇ ［Shift + Enter］：データが確定し、セルが上に移動する。↑キーも同じ。
◇ ［Tab］：データが確定し右に移動する。→キーも同じ。
◇ ［Shift + Tab］：データが確定し左に移動する。←キーも同じ。

Column 57 シートの追加

Excelでは、1つのブックの中に複数のシートを配置することができる。

○ 新しいシートを追加したいときは、［新しいシート］ボタン（①）をクリックする。

◇ シート数は最大1,000枚まで追加できる。

◇ シートの切り替えは、画面下部の［Sheet1］［Sheet2］などをクリックして行う。

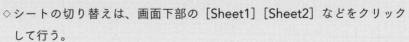

Column 58 セル範囲の選択

セル1個だけでなく、複数のセル範囲を選択することによって、複数のセルを一度にコピー・移動・消去することができる。複数のセル範囲として、長方形の範囲・行や列の範囲・シート全体の範囲がある。

〈長方形範囲を選択する〉

○マウスで、長方形範囲の左上（図では「B2」）を左クリックした状態で右下（図では「D3」）までマウスポインターを移動（＝ドラッグ）する。

◇キーボードで長方形範囲を選択するには、シフトキーを押しながら、カーソルキーを操作して選択する。この場合、「B2:D3」の範囲という。「:」はコロンと読む。

〈行・列を選択する〉

(1) 行番号をクリックすると行全体が選択される。

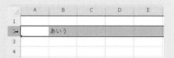

(2) 列番号をクリックすると列全体が選択される。

(3) 複数行を選択するときはマウスでドラッグする。

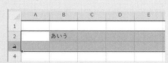

(4) 複数列を選択するときはマウスでドラッグする。

〈シート全体を選択する〉

○シートの左上の［全セル選択ボタン］をクリックする。

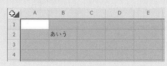

Column 59 データのコピー・移動・消去

セルに入力したデータを、ほかのセルの場所にコピー・移動・消去することができる。1個のセルでも複数のセルでも同じ操作になる。セル範囲を指定してから操作する

〈データをコピーする〉（セル「B2」のデータをセル「D3」にコピーしたいときの説明をする）

○ コピー元セル「B2」を選択（①）し、［ホーム］タブ→［クリップボード］グループ→［コピー］（②）をクリックする。

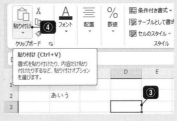

○ コピー先セル「D3」（③）をクリックし、［クリップボード］グループ内→［貼り付け］（④）をクリックする。

〈データを移動する〉

○ コピー元セル「B2」を選択（⑤）し、［ホーム］タブ→［クリップボード］グループ→［切り取り］（⑥）をクリックする。
○ コピー先セル「D3」（③）をクリックし、［クリップボード］グループ内→［貼り付け］（④）をクリックする。

〈データを消去する〉

○ セル範囲を選択し（①）、Delete キーを押すと範囲内のデータが消去される。

四則計算（数式の入力）

Excelでは、セルに数式を入力することにより四則計算をすることができる。

◇1箱179円のカレールー2箱の代金を計算したいときは、(1当たり量)×(いくつ)＝(全体の量)の数式をセルに入力する。

● 「F3」（①）をクリックし、「=D3*E3」と［半角英数字］で直接入力する。

◇計算式を入力するとき、まずは「=」を入力する。

◇＋－はそのまま入力するが、×は「*（アスタリスク）」、÷は「/（スラッシュ）」を入力する。

● ［Enter］を押下すると、F3に計算結果が表示される（②）。

Column 60　数式を直接入力する方法以外で入力する方法

数式を入力するとき、上記のようにキーボードで直接入力する方法のほかに、マウスかカーソルキーでセルの位置を指定して入力する方法がある。

(1) キーボードで「=」を入力する。

(2) マウスかカーソルキーでセル「D3」を選択する。

(3) キーボードで「*」を入力する。

(4) マウスかカーソルキーでセル「E3」を選択する。

(5) ［Enter］を押下する。

数式のコピー

豚肉やジャガイモなどの値段は、同様の方法で計算できるが、ほかの項目の料金の求め方も「(1当たり量)×(いくつ)＝(全体の量)」の数式なので、数式をコピーして計算することもできる。

- 「F3」の式をコピーしたいときは、「F3」をクリック（選択）する（①）。
- ［ホーム］タブ→［クリップボード］グループの［コピー］（②）をクリックする。
- 数式をコピーするコピー先のセル範囲「F4～F7」（③）を選択する。

- ［ホーム］タブ→［クリップボード］グループの［貼り付け］（④）をクリックするとセル範囲「F4～F7」に数式が入力され、計算結果が表示される（⑤）。

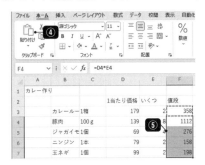

Column 61　オートフィル機能の利用（1）

数式をコピーするとき、上記の方法以外に、［オートフィル機能］を利用することによって、簡単な操作で複数セルの内容をコピーすることができる。

(1) 「F3」を選択（①）し、セル右下の［■］（フィルハンドルという）にマウスカーソルを移動するとマウスポインターの形状が ✚ のように変わる（②）。

(2) 「F7」までドラッグ（③）すると、「F3」の式の内容がセル範囲「F4～F7」にコピーされる。

連続番号の入力

連続番号（たとえば、1～5）を入力するとき、直接入力することも可能だが、Excelでは簡単に連続番号を入力することができる。

- 「A3～A7」に連続番号を入力したいときは、「A3」に「1」（①）、「A4」に「2」を入力する。
- 「A3」と「A4」を選択する（②）。
- セル右下の［■］（フィルハンドル）にマウスカーソルを移動すると、マウスカーソルが［✚］（③）に変わる。
- 「A7」までドラッグする（④）。
- ◇Excelが規則性を判断して、右図のように自動で1～5までの連続番号を入力することができる。

Column 62 オートフィル機能の利用（2）

［オートフィル機能］は、単にコピーするだけでなく、上記のような連続番号（連続データ）を入力することも利用できる。

(1)「A3」に「1」を入力（①）し、セル右下のフィルハンドルにマウスカーソルを移動すると、マウスポインターが［✚］に変わる（②）。

(2)「A7」までドラッグする（③）と、セル範囲「F4～F7」に「1」が表示される（④）。

(3) 右下のオートフィルオプション（⑤）をクリックして、［連続データ］を選択する（⑥）と、数値が右図のように変更される。

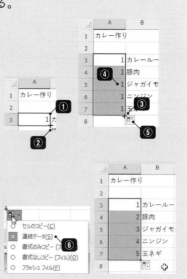

Column 63 R1C1形式による数式コピーの説明

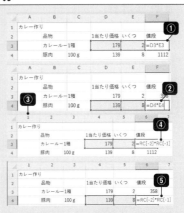

数式のコピーで「F3」を「F4」〜「F7」までコピーしたとき「F3」の内容「=D3*E3」(①)をコピーした「F4」の内容が元の数式でなく「=D4*E4」(②)になる。

[ファイル]→[その他]→[オプション]→[数式]→[数式の処理]で、[R1C1参照形式を使用する]にチェックを入れると、列番号がアルファベットでなく数値で表示されるようになり(③)、右図のように、「F3」の内容が、「=RC[-2]*RC[-1]」(④)と表示される。これは、「F4」の位置から2個左の位置＊「F4」の位置から1個左の位置という相対的な位置（相対参照という）を表している。この数式のコピーなので、「F4」の内容は、「=RC[-2]*RC[-1]」のままである。(⑤)

○Macの場合、[R1C1参照形式を使用する]のチェックボックスは、[Excel]→[環境設定]→[計算]にある。

簡単な計算

値段などの合計金額を求めたいときには、「=F3+F4+F5+F6+F7」と四則計算で入力すると計算できるが、関数を利用して計算することもできる。ここでは「合計」の求め方について説明する。

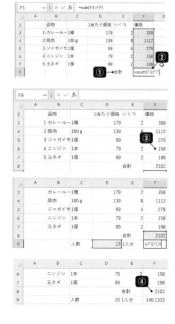

以下ではまず、「合計」金額の求め方について説明する。
◇「E8」に「合計」(①) と入力する。
●「F8」に「=sum(F3:F7)」と［半角英数字］で直接入力（②）する。
●［Enter］を押下すると、「F8」に計算結果が表示される（③）。

最後に、今回の課題は、カレーパーティーをするときの買い物の計算を想定している。買い物の合計金額から1人分の負担金額を計算するように、以下のように入力する。
◇「C9」に「人数」と入力する。
◇今回は15人の設定にするので、「D9」に半角英数字で「15」と直接入力する
◇「E9」に「1人分」と入力する。
●「F9」に「=F8/D9」と入力する。
●［Enter］を押下すると、「F9」に計算結果が表示される（④）。

Column 64 表示モードの変更

画面右下の［表示モード］を選択することにより、画面の表示モードを変更することができる。

①標準モード
標準の表示モードであり、入力・編集で用いる。

②ページレイアウト
実際に印刷されるイメージで表示する。余白も含めて調整するときに用いる。

③改ページプレビュー
改ページ位置を設定できる。複数ページを印刷するときの設定時に用いる。

3章　Excel

［罫線］・［塗りつぶし］の設定

作成したExcelシートを表として分かりやすく、使いやすく変更したいときがある。

そのような場合は、［罫線］や［塗りつぶし］を利用するとよい。

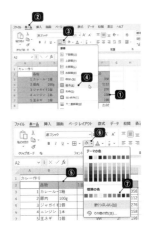

以下では、［罫線］を引く一方法を説明する。
- 罫線を引く範囲（今回は「A2:F7」）を選択する（①）。
◇ 選択の方法が分かりにくい場合は、p.84「Column 58　セル範囲の選択」を参照すること。
- ［ホーム］タブ（②）→［フォント］グループ→［罫線］（③）をクリックする。プルダウンメニューの中から、求める罫線（今回は［格子］④）を選択する。

以下では、セルを塗りつぶす方法について説明する。
- ［塗りつぶし］の範囲（今回は「A2:F2」）を選択する（⑤）。
- ［ホーム］タブ→［フォント］グループ→［塗りつぶしの色］（⑥）をクリックする。プルダウンメニューの中から、求める色（今回は［青］⑦）を選択する。

Column 65　フォントなどの変更

Wordと同様に、Excelでもフォントなどを変更することができる。表を作成するときなどは、フォントやフォントの色を変更すると見やすくなる。

以下では、「カレー作り」を例に説明する。

〈フォントの変更〉
○「A1」を選択し（①）、［ホーム］タブ→［フォント］グループ→［フォント］（②）で、求めるフォント（今回は、「HGP創英角ポップ体」）を選択する。

〈フォントサイズの変更〉
○［フォントサイズ］（③）で、求めるサイズ（今回は「18pt」）を選択する。
◇ または、［フォントサイズの拡大］・［フォントサイズの縮小］［A˘ A˘］をクリックして連続的に変更する。

〈フォントの色の変更〉
○［フォントの色］（④）で、求める色（今回は「赤」）を選択する。

91

セルの結合とセル内の配置

作成した表を見やすく変更したいときがある。そのようなときは、たとえば、セルを結合したり、各セルの文字列の配置を変更したりする。以下では、それらを設定する一方法について説明する。

以下では、[セルを結合して中央揃え] する方法を説明する。

◇ 今、「A1」にある「カレー作り」を、「A1:F1」のセルを結合して、その中央に配置する。

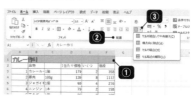

- 結合したいセル範囲「A1:F1」を選択する（①）。
- 「ホーム」タブ→ [配置] グループ（②）→ [セルを結合して中央揃え]（③）をクリックする。

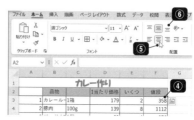

以下では、各セル内の配置を変更する一方法について説明する。

◇ 2行目にある各セルの項目名（「品物」「値段」など）を、各セルで [中央揃え] に変更する。

- 変更したいセル範囲（今回は「A2:F2」）を選択する（④）

◇ 複数のセルを一度に選択しなくても、各セルで変更することもできる。

- [中央揃え] を選択する（⑤）。

◇ セルの高さを変更したときなどは、縦方向の上揃え・上下中央揃え・下揃え（⑥）も変更できる。

Column 66 行や列の挿入と削除

Excel のシートで行や列を挿入したり、削除したりする一方法を説明する。

〈行の挿入〉

3行目と4行目の間に1行挿入したいときは……

○ 4行目の行番号を [右クリック] する（①）。

○ 表示される [ショートカットメニュー] から [挿入]（②）をクリックする。

〈行の削除〉

4行目を削除したいときは……

○4行目の行番号を［右クリック］（①）し、表示される［ショートカットメニュー］から［削除］（③）をクリックする。

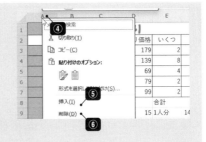

〈列の挿入と削除〉

A列の横に1列挿入したり、削除したりしたいときは……

○［行］の場合と同様に、A列の列番号を［右クリック］（④）して、［挿入］（⑤）または［削除］（⑥）をクリックする。

表の印刷

Bookを作成後、確認をせず印刷すると、はみ出し部分が別のページに印刷されて、予定よりも多くのページになってしまうことがある。ここでは、印刷範囲を設定して、必要な部分だけを印刷する方法を説明する。

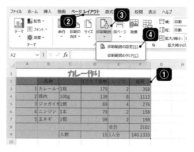

- 印刷する範囲（右図では、セル範囲「A1:F9」）を選択する（①）。
- ［ページレイアウト］タブ（②）→［ページ設定］グループ→［印刷範囲］（③）→［印刷範囲の設定］（④）をクリックする。

◇［印刷範囲の設定］をクリックしても特に何も起こらず、元の画面に戻る。

- 画面下部の［ページレイアウト］（⑤）をクリックし、表示を［ページレイアウト］モードに切り替える。

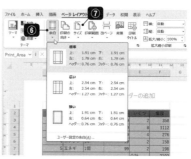

◇このモードでは、［ページレイアウト］タブを使って印刷したときに、実際にどのように印刷されるのかを確認しながら設定することができる。

- 印刷する用紙を設定するため、［ページレイアウト］タブ→［ページ設定］グループの→［余白］（⑥）や［印刷の向き］、［サイズ］（⑦）などを選択する。

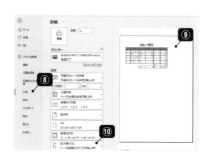

◇余白…［標準］［広い］［狭い］などから選択する。

◇印刷の向き…［縦］［横］から選択する。

◇サイズ…［B5］［A4］［はがき］などから選択する。

◇画面下部の［改ページプレビュー］をクリックすると、下図のように指定した範囲が白色で表示される。

- 印刷を実行するため、［ファイル］タブ→［印刷］（⑧）をクリックすると印刷の設定ウィンドウが表示される。

◇印刷イメージ（⑨）を確認することができ、印刷設定の変更などができる。
◇印刷設定の最下部のメニューに［拡大縮小］の設定の内容が表示される（⑩）ので、必要に応じて変更することができる。
● ［部数］を設定して、［印刷］ボタンをクリックする。

Column 67 印刷設定：拡大縮小

表を印刷するとき、拡大縮小の印刷設定を変更するケースは少なくない。以下では、それぞれの印刷イメージについ説明する。

○ シートを1ページに印刷…選択範囲をすべて1ページに印刷する。
○ すべての列を1ページに印刷する…幅が1ページになるように印刷する。縦に用紙が続くイメージ。
○ すべての行を1ページに印刷する…高さが1ページになるように印刷する。横に用紙が続くイメージ。
○ 拡大縮小オプション…倍率を設定したり、縦と横のページ数を設定したりして、印刷する。
○ Macでは［ページレイアウト］→［ページ設定］→［ページ］にて拡大縮小の設定をする。

Column 68 ページレイアウトモードでのヘッダーとフッターの追加

シートのヘッダーとフッターに、ページ番号・現在の日付・シート名・ファイル名等を追加できる。

〈ヘッダーに日付を追加する方法〉

○ ［ページレイアウト］モードで、画面上部にある［ヘッダーの追加］にマウスポインターを移動すると、ヘッダーの内容を入力するための［ヘッダーテキストボックス］が左・中央・右の3個表示される。
○ 右のボックスを選んでクリックすると、［ヘルプ］タブの右隣りに［ヘッダーとフッター］タブ（①）が表示される。
○ ［ヘッダー／フッター要素］グループの［現在の日付］（②）をクリックすると、［&[日付]］が入力され（③）、ヘッダー以外の場所をクリックすると、現在の日付が表示されるようになる。

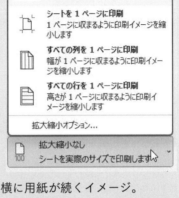

〈フッターにページ番号を追加する方法〉

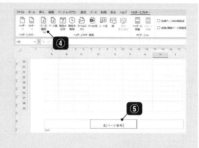

○ 画面下部にある［フッターの追加］にマウスポインターを移動すると、フッターの内容を入力するための［フッターテキストボックス］が左・中央・右の3個表示される。

○ 中央のボックスを選んでクリックすると、［ヘルプ］タブの右隣りに［ヘッダーとフッター］タブが表示されるようになる。

○ ［ヘッダー／フッター要素］グループの［ページ番号］（④）をクリックすると、［＆[ページ番号]］が入力され（⑤）、フッター以外の場所をクリックすると、ページ番号が表示されるようになる。

Column 69 拡大・縮小印刷する方法

WordやExcelで作ったA4判ファイルを拡大して、A0判やA3判に印刷するときには、ページ設定で用紙サイズを設定しておく方法と印刷時に印刷サイズを拡大する方法がある。用紙サイズを設定しておくと、用紙サイズに合わせたレイアウト自動調整により、印刷結果が一貫して安定する。印刷時に拡大する方法では、元のレイアウトを保持しつつ、印刷サイズを柔軟に調整できる。

ブックを閉じる（保存）

作業を終え、ブックを保存したいときの4つの方法を説明する。

〈OneDrive に［名前を付けて保存］する方法〉

新規作成したブックには、「Book1.xlsx」というファイル名が付いている。分かりやすい名前を付けて保存する。
- ［ファイル］をクリックし、［名前を付けて保存］（①）をクリックする。
- ［OneDrive］（②）（Mac の場合は［オンラインの場所］）をクリックし、ファイル名（ここでは、「カレー作り」）（③）を入力し、［保存］（④）をクリックする。

〈その他の場所に［名前を付けて保存］する方法〉
- ［ファイル］をクリックし、［名前を付けて保存］（①）をクリックする。
- ［参照］をクリックすると、［名前を付けて保存］ダイアログボックスが表示されるので、保存先（たとえば、「デスクトップ」の任意のフォルダ）を選択し、ファイル名（⑤）を入力してから保存（⑥）をクリックする。

〈［上書き保存］する方法（1）〉

すでにファイル名を付けたものを修正し、そのままのファイル名で保存する場合は［上書き保存］する。
- 画面上部の［クイックアクセスツールバー］の［上書き保存］（⑦）をクリックする。

〈［上書き保存］する方法（2）〉
- ウィンドウの右上の［閉じるボタン］（⑧）をクリックする。
- 保存についてのダイアログボックス（⑨）が表示されるので、ファイル名が元のままでよければ、［保存（S）］（⑩）をクリックする。
- ◇「保存しない（N）」（⑪）をクリックすると、保存しないでブックを閉じる。
- ◇［キャンセル］（⑫）をクリックすると、元の編集画面に戻る。

〈統計グラフの作成〉

以降では、以下の表のデータをもとに、「棒グラフ」「円グラフ」「複合グラフ」の作成方法を説明する。

棒グラフの作成

数値の大小や増減などを比較したい場合がある。そのようなときは、棒グラフを利用するとよい。以下では、各都市における4種類の遊びを比較する棒グラフを作成する。

- セル範囲［B4:E8］を選択する（①）。
- ［挿入］タブ（②）→［グラフ］グループ→［縦棒／横棒グラフの挿入］（③）をクリックするとプルダウンメニュー（④）が表示されるので、求めるグラフを選択する（今回は「3-D集合縦棒」を選択した）。
- ◇プルダウンメニューに表示されたグラフ上にポインターを置くとグラフの例が表示される（⑤）。
- ◇グラフを挿入すると、グラフの右側に［グラフ書式コントロール］の3つのボタン（⑥）が表示される。
- ◇グラフを選択すると、［グラフのデザイン］タブ（⑦）と［書式］タブ（⑧）が表示される。

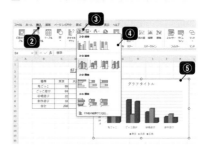

Column 70 グラフの移動

グラフを移動させたいときはグラフを選択し、［グラフエリア］をポイントする（ポップヒントに［グラフエリア］と表示される）。
○マウスポインターの形状が①のマークに変わったらドラッグする。

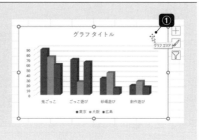

棒グラフの変更（1）行／列の切り替え

グラフは、もとになるセル範囲の行の項目と列の項目のうち、項目数の多い方を基準に作成される。そのため、「好きな遊びの集計表」でグラフを作成した場合、鬼ごっこなどの「種類」が項目軸に表示された。以下では、行と列を切り替えて、行の項目（各都市）を基準としたグラフに変更する。

- グラフを選択する（①）。
◇ グラフを選択すると、グラフが四角く囲まれる。
- ［グラフのデザイン］タブ（②）→［データ］グループ→［行／列の切り替え］（③）をクリックする。
◇ 横軸に行の項目が並び（④）、行方向のデータ系列のグラフに変更される。

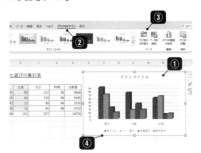

棒グラフの変更（2）グラフタイトルの入力

以下では、グラフにふさわしいタイトルを入力する方法を説明する。

- グラフを選択した状態で、［グラフタイトル］をクリックする。
- もう一度［グラフタイトル］をクリックすると、カーソルが表示され（⑤）、編集可能になる。
- ［グラフタイトル］の文字列を削除し、タイトルを入力する（図では「好きな遊びの集計表（単位：人）」と入力した）。
- ［グラフタイトル］以外の場所をクリックしてタイトルを確定する。

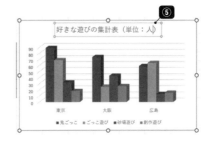

棒グラフの変更（3）グラフ要素［軸ラベル：第1横軸］の追加

必要なグラフ要素がない場合は個別に表示する必要がある。以下では、横軸を追加する方法を説明する。

- グラフを選択した状態で、グラフ右の［グラフ書式コントロール］タブの［⊞］［グラフ要素］（⑥）で［軸ラベル］（⑦）をポイントし、［第1横軸］（⑧）にチェックを入れる。
- Macでは［グラフのデザイン］タブから［グラフ要素の追加］→［軸ラベル］→［第1横軸］にチェックを入れる。

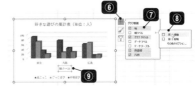

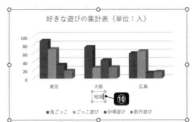

- 挿入された［軸ラベル］（⑨）をクリックするとカーソルが表示され（⑩）、編集可能になる。
- ［軸ラベル］の文字列を削除し、タイトルを入力する（図では「地域」と入力した）。
- ［軸ラベル］以外の場所をクリックしてタイトルを確定する。

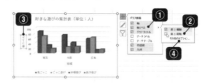

棒グラフの変更（4）グラフ要素［軸ラベル：第1縦軸］の追加

以下では、縦軸（値軸）に軸ラベルを追加する。

- グラフを選択した状態で、グラフ右の［グラフ書式コントロール］タブの［⊞］［グラフ要素］（①）で［軸ラベル］をポイントし、「第1縦軸」（②）にチェックを入れる。
◇ 挿入された［軸ラベル］は［横書き］（③）になっている。

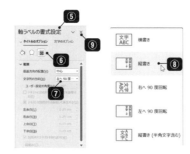

- 「その他のオプション」（④）を選ぶと、画面右側に［軸ラベルの書式設定］作業ウィンドウ（⑤）が表示されるので、［サイズとプロパティ］（⑥）をクリックする。

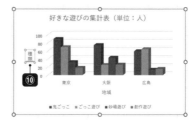

- ［配置］の［文字列の方向］（⑦）のプルダウンメニューから、求める方向を選択する（今回は［縦書き］⑧を選択した）。
◇ ［×］（⑨）をクリックして［軸ラベルの書式設定］作業ウィンドウを閉じる。
- 挿入された［軸ラベル］（⑩）をクリックするとカーソルが表示され、編集可能になる。
- ［軸ラベル］の文字列を削除し、タイトルを入力する（図では、「種類」と入力した）。
- ［軸ラベル］以外の場所をクリックしてタイトルを確定する。

Column 71 グラフフィルターの利用

グラフフィルターを利用すると、作成したグラフのうち必要なデータ系列のみを選択して表示することができる。以下では、「創作遊び」の系列を非表示にする方法について説明する。

○ グラフを選択した状態で、［グラフ書式コントロール］の［グラフフィルター］（①）をクリックし、［系列］（②）の中から「創作遊び」をクリックしてチェックを外す（③）。

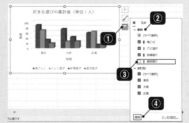

○ 適用（④）をクリックし、もう一度［グラフフィルター］（①）をクリックすると「創作遊び」のグラフが消える。

円グラフの作成

データの全体に対する構成割合などを比較したい場合がある。そのようなときは、円グラフ（帯グラフ）を利用するとよい。以下では、活動量構成比に対する4種類の遊びを比較する円グラフを作成する。

- セル範囲［B4:B8］を選択し、さらに［Ctrl］（Macの場合は［command（⌘）]）を押しながらセル範囲「H4:H8」を選択する（①）。

- ［挿入］タブ→［グラフ］グループ→［円またはドーナツグラフの挿入］をクリックするとプルダウンメニュー（②）が表示されるので、求めるグラフを選択する（今回は「3-D円」を選択した）。

円グラフの変更（1）グラフシートへの場所の変更

以下では、作成したグラフの場所をグラフシートに変更する方法を説明する。グラフシートに変更すると、「もとになった表」と「グラフ」を別のシートに分けて管理でき、グラフだけを印刷する場合にもグラフシートが便利である。

- 円グラフを選択し、［グラフのデザイン］タブの［場所］グループで［グラフの移動］をクリックする。
- ［グラフの移動］ダイアログボックスが表示されるので、［新しいシート］（③）を選び「円グラフ」と入力しOKをクリックする。

円グラフの変更（2）クイックレイアウトの利用と編集

グラフタイトルとデータラベルを表示したい場合に、クイックレイアウトを利用すると、構成要素の内容や書式を設定できる。

- グラフを選択した状態で、［グラフのデザイン］タブの［グラフのレイアウト］グループにある

［クイックレイアウト］から［レイアウト1］を選ぶ（④）。
- グラフタイトルに「活動量構成比」と入力する（⑤）。
- データラベルのどれか1つを選択し、［書式］タブの［現在の選択範囲］グループで［選択対象の書式設定］をクリックする。
- Macの場合は、データラベルのどれか1つを選択し［書式タブ］の［書式ウィンドウ］をクリックする。

- ［データラベルの書式設定］作業ウィンドウの［ラベルオプション］をクリックし、［表示形式］について［カテゴリ：パーセンテージ］、［小数点以下の桁数：1］を設定する（⑥）。設定後は作業ウィンドウを閉じる。

円グラフの変更（3）グラフのスタイル・切り離しの設定

グラフのスタイル（グラフ要素の配置や背景の色、効果など）を一度に変更したい場合は、［スタイル］を用いるとよい。これを利用してみよう。

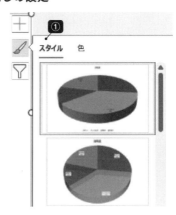

- ［グラフ書式コントロール］の［スタイル］で［スタイル］を選ぶ（①）。設定後はもう一度［スタイル］をクリックする。
- グラフタイトルのフォントサイズを「24」ポイント、データラベルを「16」ポイントに変更する。

◇データ要素「ごっご遊び」を切り離して強調することができる。
- 円の部分をクリックして、データ系列全体を選択する。
- さらに「ごっご遊び」の扇型の部分をクリックしてデータ要素を選択する。適宜外側にドラッグする。

Column 72 グラフの構成要素と編集

グラフは、さまざまな構成要素で構成されている。
　◇各要素を選択するには、
　・マウスでクリックする（ポイントすると名称がポップヒントで表示される）。
　・［書式］タブ［現在の選択範囲］グループの［グラフの要素］で選ぶ。
　◇各要素の書式を変更するには、
　・［書式］タブ［現在の選択範囲］グループの［選択対象の書式設定］、または選択対象を右クリックし［（選択対象）の書式設定］で表示される［（選択対象）の書式設定］作業ウィンドウを利用すると詳細を設定できる。

Column 73 おすすめのグラフ

「おすすめグラフ」は、選択しているデータに適すると思われる数種類のグラフを表示してくれる。
[挿入] タブの [グラフ] グループで、[おすすめグラフ] をクリックすると、挿入できるグラフを示す [グラフの挿入] ダイアログボックスが表示される。選択した範囲からどのようなグラフを作成できるか確認できるうえに、一覧から選択するだけで簡単にグラフが作成できる。

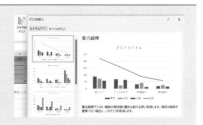

Column 74 統計グラフの種類と用途

統計グラフの種類は、それらの用途や表現したい目的に応じて、適切な統計グラフを選択

種類	用途	種類	用途
棒グラフ	数値の大小比較	円グラフ	全体の構成割合
折れ線グラフ	時系列の変化	帯グラフ	
面グラフ		ドーナツ	複数系列の構成割合
散布図	2つの系列の相関	レーダー	各項目のバランス

することが重要である。適切な統計グラフを選択する判断力も重要な統計的思考力の1つである。今後の統計教育で子どもたちにしっかりと身に付けさせたい。

複合グラフの作成

異なる種類のグラフを組み合わせて1つにまとめたい場合は、複合グラフを利用するとよい。数値の単位やスケールが異なる場合に利用する。ここでは、縦棒グラフの下に、複合グラフを作成しよう。

◇表のデータをもとに、「種類別好きな遊び・活動量」を比較する複合グラフを作成しよう。

● セル範囲「B4:B8」と「F4:F8」、「H4:H8」を選択する（[Ctrl]（Macでは[command（⌘）]）を押しながら選択すると複数の範囲が選択できる）。

● [挿入] タブの [グラフ] グループで、[複合グラフの挿入]（Macでは[組み合わせ]）から「集合縦棒 - 第2軸の折れ線」を選ぶ（①）。

◇「好きな遊びの人数」の系列が左側の第1軸を利用した縦棒グラフで、「活動量」の系列が右の第2軸を利用した折れ線グラフとして作成される（②）。

● グラフを移動して、セル範囲「B30:H46」の範囲に配置する。
● タイトルに「種類別好きな遊び・活動量比較」と入力する。

複合グラフの変更　グラフ要素の追加と編集

◇第1軸と第2軸の単位が異なる場合は、値ラベルを追加して単位を設定する必要がある。

● [グラフ書式コントロール] タブの [グラフ要素] で [軸ラベル] の [第1縦軸] [第2縦軸] を [☑] とする（①）。

● さらに [その他のオプション]（②）をクリックして [軸ラベルの書式設定] 作業ウィンドウを表示する。

● グラフ内の [縦（値）軸ラベル] を選択し、[文字列の方向] を [横書き] に設定し（③）、「(人)」と入力する。

● [第2軸縦（値）軸ラベル] を選択し、同様に文字列の方向を [横書き] に設定し「(人・分)」と入力する。

● 追加したラベルをそれぞれほぼ真上方向に、縦軸の上までドラッグして移動する。

◇値ラベルが追加されることで、棒グラ

フと折れ線グラフとでは数値の単位が異なり、スケールが異なることが明確になる。

Column 75 統計グラフの選び方

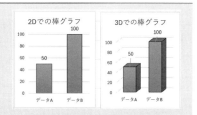

統計グラフは、2Dと3Dのものがあるが、本書では、3Dで作成した。どちらの形式での作成が望ましいのであろうか。実は、統計教育としては、2Dが望ましい。統計グラフは、収集したデータの特徴を視覚化して、差や変化、割合の違いを提示するものであるが、3Dであると、右図のように、それらの違いが必要以上に強調されすぎてしまうのである。

〈関数の利用〉

参照（相対参照・絶対参照）

Excelでは、「=A1+A2」のようにセルに1つずつ数式を入力してもいいが、同様の数式を利用するために数式をコピーすることができる。コピーの参照方法である相対参照と絶対参照の2つを説明する。

参照（1）相対参照

◇数式をコピーするとセルの位置が自動的に調整されて、相対的に参照される形式である。

- 「E6」に「=C6*D6」と入力する（①）。
- 「E6」の右端にマウスを合わせ、[田]と表示されたまま、左クリックしながら「E8」までドラッグしてコピーする。

◇大阪や福岡、平均の実費用が正しく計算されているか確認しよう。

参照（2）絶対参照

◇数式をコピーしても、行や列などの特定位置のセルは固定されたまま位置調整されず、必ずそのセルが参照される形式である。セル位置を固定するには、行番号や列記号の前に「$」を付ける。

- 「I6」に「=H6*H$3」と入力する（②）。
- 同様に、「I6」の数式を「I9」までコピーする。

◇「H3」に入力された割引率によって、実費用が変動する。H3の値を自由に変更して、実費用が正しく変わるか確認しましょう。

Column 76 複合参照：複数の部分に絶対参照の設定をする

> セル位置は、行と列の組み合わせであるから、片一方に「$」を付けて相対参照と絶対参照を組み合わせることができる。これを［複合参照］というが、多くの場合は、絶対参照を含んでいるので［絶対参照］と表現する。
>
> 例：「B$1」→列が自動調整され、行は固定されたままとなる。
> 例：「$B1」→列は固定されたままで、行が自動調整される。

Column 77 相対参照・絶対参照後の数式の確認

上記の例では、縦方向に数式をコピーしたため、いずれの参照方法でも問題はなかった。では、横方向にコピーした場合を考えよう。それぞれの平均をコピーしてみよう。コピー後にダブルクリックして、数式を確認しよう。

○「C9」を「E9」までコピーし、「I9」を「J9」までコピーする。

◇相対参照の方は、自動的に列番号が調整されるが、絶対参照の方は、$が付いているため行番号が固定される。今回は、問題はないが、意図と異なる数式となることがあるので、その際は適切な調整が必要となる。数式が、意図通りとなっているか、確認する習慣を付けておこう。

Column 78 関数の入力方法

関数を入力するには、次のようにさまざまな方法がある。どの方法が適切か考えよう。

○［ホーム］タブの【Σオート SUM】を使う
［ホーム］タブの［編集］グループにあるΣのマークを使う（①）。

ダイアログを表示させると、頻繁に使われる関数の「合計、平均、数値の個数、最大値、最小値」が選択できる。それらから選ぶと、関数名とカッコが自動的に入力され、隣り合う数値のセルなどを引数範囲として自動認識する。ただし、自動認識した引数範囲は修正が必要な場合もあるため、適時修正が必要か確認し修正する。最も下に表示される「その他の関数…」を選択すると（②）、以下の関数の挿入ダイアログが開く（③）。以下で説明する［数式］タブの［関数ライブラリ］グループの［合計］も同様である。

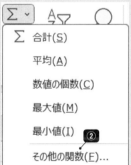

○f(x)（関数の挿入）を使う

数式バー上のf(x)を使うと、［関数の挿入］ダイアログボックスが開き、関数を検索できたり、続いて表示される［関数の引数］で、説明や結果を確認しながら引数を指定できたりする。上記の頻繁に用いる関数以外で、どの関数を使用していいか分からない場合や直接入力する関数が分からないときは、こちらで検索するとよい。

関数を入力済みのセルを選んで f(x) をクリックすると、再び［関数の引数］
が表示され、修正できる。
以下で説明する［数式］タブの［関数ライブラリ］グループの［関数の挿
入］も同様である。

○［数式］タブの［関数ライブラリ］グループを使う
［関数ライブラリ］グループにある各ボタンをクリックし、リストから選
ぶ。［関数の引数］ダイアログボックスが表示されるので、引数を指定す
る。用途によって、ボタンが分類されているので、選択しやすいメリットが
ある。

○直接入力する
セルに「=」に続けて関数名を直接入力していくと候補の一覧が表示される
ので、↓でリスト内から選ぶ。ポップヒントとして関数の説明が表示され
る。関数の入力に慣れてきて、引数の指定が分かっているときなど、直接入
力・修正すると効率がよい場合がある。直接入力では、関数名の綴りを1
文字入力するごとに候補が絞られていく。候補一覧からは、クリックで選択
できる。

基本の関数

さまざまなデータ処理をしたいときには、関数を用いるとよい。ここでは、基本となる関数を用いて、合計、平均値、最大値・最小値、代表値（中央値・最頻値）などを求める方法を説明する。

◇学年ごとに月〜金曜の貸出冊数の合計（①）と平均冊数（②）を求めよう。さらに、曜日ごとの貸出冊数（③）を求めよう。また、右側の統計表に、学年数

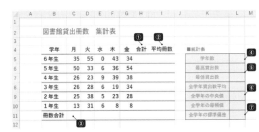

（④）、最高・最低貸出数（⑤）、全学年の平均値・中央値・最頻値（⑥）、全学年の標準偏差（⑦）を求めよう。

◇関数は、直接入力ではなく、Column 78「関数の入力方法」の方法を利用しよう。

- 「H5」に、「=SUM(C5:G5)」と入力し、「H10」までコピーする（①）。
- 「I5」に、「=AVERAGE(C5:G5)」と入力し、「I10」までコピーする（②）。
- 「C11」に、「=SUM(C5:C10)」と入力し、「I11」までコピーする（③）。
- 「L5」に、「=COUNTA(B5:B10)」と入力する（④）。
- 「L6」に「=MAX(C5:G10)」と入力し、「L7」に「=MIN(C5:G10)」と入力する（⑤）。
- 「L8」に、「=AVERAGE(C5:G10)」と入力する（⑥）。
- 「L9」に、「=MEDIAN(C5:G10)」と入力し、「L10」に「=MODE(C5:G10)」と入力する。
- 「L11」に、「=STDEV.P(C5:G10)」と入力する（⑦）。

Column 79 各関数の意味（1）

COUNTA（値, [値2], ...）
　引数の空白でないセルの数を数える。引数は、対象のセルやセル範囲、数値など。

MAX（数値1, [数値2], ...）や MIN（数値1, [数値2], ...）
　引数の数値の最大値や最小値を求める。引数は、対象のセルやセル範囲、数値など。

MEDIAN（数値1, [数値2], ...）や MODE（数値1, [数値2], ...）
　引数の数値の中央値や最頻値を求める。引数は、対象のセルやセル範囲、数値など。

STDEV.P（数値1, [数値2], ...）
　引数の数値の標準偏差を求める。引数は、対象のセルやセル範囲、数値など。

相対参照と絶対参照の使い分け

基本の関数を入力した数式を参照コピーしたい場合は、相対参照か絶対参照かを意識しながら、列方向・縦方向へコピーするとよい。ここでは、基本の関数を復習しながら、参照コピーの特徴を説明する。

今年度の定員を合計（①）し、今年度希望数、前年度希望数の合計をコピーして計算しよう。次に、今年度倍率を求める数式を「F5」に入力し、すべてのクラブの今年度倍率を計算しよう（②）。また、今年度の希望数の合計をもとにして、各クラブの今年度構成比を計算しよう（③）。さらに、希望数の変化の割合として、前年度比を計算しよう（④）。

- 「C13」に「=SUM(C5:C12)」と入力し、「E13」までコピーする（①）。
- 「F5」に「=D5/C5」と入力し、「F12」までコピーする（②）。
- 「G5」に「=D5/$D$13」と入力し、「G13」までコピーする（③）。
- 「H5」に「=D5/E5」と入力し、「H12」までコピーする（④）。

Column 80 比率や割合の考え方

比率や割合を計算するときは、比較の対象となる数値を比較の基準となる数値で割ればよい。

今年度倍率：定員をもとにした希望数の割合を求める（希望数／定員）。

今年度構成比：今年度の希望数全体（合計）をもとにした、それを構成する各項目の値の割合を求める。各項目の希望数を対象に、希望数合計で割る（各希望数／希望数の合計）。

前年度比：前年度の希望数に対して、今年度の希望数の割合を求める。今年度の希望数を対象に、前年度の希望数で割る（今年度の希望数／前年度の希望数）。

Column 81 数式のコピーをしたときの書式のコピー

数式をコピーしたときには、すでに書式が設定してある場合、数式だけでなく、フォントや罫線などの書式もコピーされる。右下に表示されるダイアログから、数式をコピーしない［書式のみコピー］や、数式だけをコピーする［書式なしコピー］など、用途に応じて選択しよう。

順位を求める関数、条件判断をする関数

数値の計算と異なる処理をしたい場合は、関数を用いるとよい。ここでは、数値の順位を求めたり、条件に基づいた判断をしたりできる関数を用いる方法を説明する。

前年度比の順位を求め（①）、今年度倍率が100%以上である場合は「定員オーバー」と表示し、そうでない場合は空欄となる評価欄を完成しよう（②）。

- 「I5」に、「=RANK(H5,$H$5:$H$12)」と入力し、「I12」までコピーする（①）（順序には、大きい順は「0」（省略可）、小さい順は「1」を入力する）。
- 「J5」に、「=IF(D5>C5,"定員オーバー","")」と入力し、「J12」までコピーする（②）。

Column 82 各関数の意味（2）

RANK（対象の数値,対象範囲,順序）
　順位をつける対象の数値が、範囲内で何番目であるかを求める。大きい順を求める場合は、順序の位置に「0」を入力し（省略可）、小さい順を求める場合は「1」で指定する。

IF（論理式,真の場合,偽の場合）
　論理式：比較演算子（<、=、>）を用いて、判断の基準となる比較の式を指定する。
　真の場合：論理式の結果がそのとおりである（True）場合の処理を指定する。
　偽の場合：論理式の結果がそうではない（False）場合の処理を指定する。
IF関数だけでなく、処理として文字を表示する場合は、文字の前後を「"（ダブルクォーテーション）」で囲む。文字を表示せず空欄とする場合は「""」と指定する。

Column 83 条件付き書式

列Hには、［条件付き書式］の［アイコンセット］が設定されている。ほかにも、［セルの強調表示ルール］［上位／下位ルール］［データバー］［カラースケール］がある。

条件による集計

ある条件にあっている場合にのみ、数を数えたり、合計や平均値を計算したりしたい場合は、範囲のすべてを対象とするのではなく、条件を設定するとよい。

関数を利用して、それぞれの平均値（①）を求めよう。また、その平均値をもとに、学年全員の順位を求め（②）、その順位順に並び替えをしよう。さらに、クラスを条件にして、条件にあっているデータの人数（③）、得点合計と平均値（④、⑤）をそれぞれ求めよう。

- 「J5」に「=AVERAGE(F5:I5)」と入力し、「J34」までコピーする（①）。
- 「C5」に「=RANK(J5,$J$5:$J$34)」と入力し、「C34」までコピーする。（②）

- 「M5」に「=COUNTIF(E$5:E$34,L5)」と入力し、「M7」までコピーする（③）。

- 「N5」に「=SUMIF(E$5:E$34,L5,$J$5:$J$34)」と入力し、「N7」までコピーする。

- 「O5」に「=AVERAGEIF(E$5:E$34,L5,$J$5:$J$34)」と入力し、「O7」までコピーする。

Column 84 文字列や数値範囲などを検索条件にする場合

文字列や数値範囲など検索条件を数式内に直接指定する場合は、""（ダブルクオーテーションで囲み、文字列として扱うとよい。例:"A組"、">100"、"<=70"

発展的な分析

さまざまな統計分析をしたい場合は、発展的な関数の機能を用いるとよい。ここでは、データの散らばりや、データ間の関係性を検討する方法を説明する。

◇表のデータをもとに、「実力テスト実施結果」を分析する統計量を算出しよう。ワークシートの表の右端（J列〜O列）と下端（35行〜40行）に、関数を入力しよう。

◇入力する関数は、関数の挿入ボタンで検索するとよい（p.109 の「基本の関数」参照）。

- 「J5」に「=SUM(D5:I5)」と入力し、「J34」までコピーする（①）。
- 「K5」に「=AVERAGE(D5:I5)」と入力し、「K34」までコピーする（②）。
- 「L5」に「=MEDIAN(D5:I5)」と入力し、「L34」までコピーする（③）。
- 「M5」に「=MODE(D5:I5)」と入力し、「M34」までコピーする（④）。
- 「N5」に「=VAR.P(D5:I5)」と入力し、「N34」までコピーする（⑤）。
- 「O5」に「=STDEV.P(D5:I5)」と入力し、「O34」までコピーする（⑥）。

◇関数を直接入力できるならば、セル範囲を絶対参照で固定して、J5を右にコピーする。次に、関数を入力して修正すると操作が早い。

- 「J5」〜「O5」を選択し、34行目まで相対参照でコピーする。
- 「D35」〜「D40」に、セル範囲「D5:D34」とするそれぞれの関数を①〜⑥と同様に入力する（⑦）。
- セル範囲「D35」〜「D40」を選択し、O列目まで相対参照でコピーする。
- 数値は、数値タブの［ ］をクリックして、小数点第1位までの概数にする（⑧）。

Column 85 セルに表示されるエラー表示

算出された統計量のうち、［最頻値］は「#N/A」と表示されるセルが多い。これは、数値が算出された場合は、最頻値の候補が複数あるために、1つに決められないためである。また、ある区間の度数が最も多い区間の中間値から算出する最頻値ではなく、最も多数の数値を表示している。そのため、直観的な最頻値と合わないため、注意が必要である。また、ほかに頻出するエラー表示としては、［#DIV/0!］（0での除算）、［#VALUE!］（値エラー）が挙げられる。エラーが発生した際は、原因を迅速に特定し、適切な修正を行うとよい。

条件付き書式の設定

算出した統計量を目立つように書式を自動で設定したい場合は、条件付き書式を設定するとよい。

ここでは、算出した平均値と標準偏差をもとに、秀でた点数が目立つように書式設定しよう。

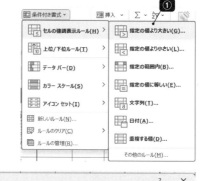

- 「D5」～「D34」を選択し、[スタイル] タブの [条件付き書式] から [セルの強調表示ルール] で、[指定の値より大きい]（①）を選ぶ。

- 開いたダイアログボックスの [次の値] に、平均値と標準偏差の和である「=$D$36+$D$40」を入力する（②）。
- 「D5」～「D34」を選択し、右下が [田] と表示されたら、L列までコピーする。コピー後に表示される [オートフィルオプション] で、[書式のみコピー]（③）を選択する。

◇秀でた点数に書式設定が設定されているか確認しよう。

Column 86 偏差値と標準偏差の関係

偏差値は、個々のデータが全体の中でどの位置にあるかを示す指標で、データ全体の傾向を示す統計量とは異なる。たとえば、テストの成績などで自分のスコアがどの程度優れているかを判断するためによく使われる。

また、偏差値は、データが平均からどれだけ離れているかを、標準偏差をもとにして計算する。つまり、標準偏差が偏差値を求めるための基準になる。具体的には、偏差値は以下の公式で計算される。

$$偏差値 = 50 + \frac{(X - 平均値)}{標準偏差} \times 10$$

なお、平均値と標準偏差の和以上の得点は、偏差値60以上の値を示している。反対に、平均値と標準偏差の差以下の得点は、偏差値40以下の値となる。

Column 87 標準偏差の意味

標準偏差は、データの分布の広がり幅（ばらつき）をみる1つの尺度である。右図のような正規分布では、「平均値±標準偏差」の範囲に全データの68.27%が、「平均値±標準偏差の2倍」の範囲内に全データの95.45%が分布している。

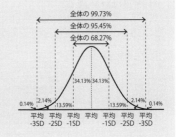

相関係数の算出

2つのデータが何らかの関係があるのかないのかを確かめたい場合は、相関係数を算出するとよい。ここでは、表のデータをもとに、「実力テスト実施結果」において、教科間の関係を分析する相関係数を算出しよう。

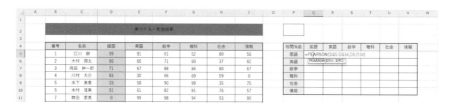

- Q5に「=PEARSON($D$5:$D$34,D5:D34)」と入力し、「Q10」までコピーする。
- 「Q6」のセルを英語と国語の相関関係を求める数式に修正する。セルをダブルクリックすると参照するセル範囲を表す枠が表示されるので、それを適した位置に移動させればよい。数式は「=PEARSON($E$5:$E$34,D5:D34)」となる。
- 同様に「Q7」～「Q10」のセルの数式も修正する。
- 「Q5」～「Q10」を選択し、「V」列までコピーする。
- 相関関数が1となっているセルの数式を消し、セルに斜線を引く。
- 算出した相関係数が、絶対値0.7以上や絶対値0.4以上0.7未満のセルを任意の色で塗りつぶす。

今回のデータでは、数学と理科の相関係数である「U7」が「正の強い相関」となり、国語と情報の相関係数である「W5」が「負の相関」となる。

Column 88 相関の強さ

相関関係とは、2つの数量の関係性であり、相関係数で度合いの強さを表す。研究領域によって違いがあるが、相関係数と相関の強弱は、右の表のように目安がある。なお、相関関係は、因果関係とは異なり、いずれの数量も因果（原因）となっているかは、判断できない。

相関係数 r	相関の強さの目安
$|r|<0.4$	ほとんど相関がない
$0.4 \leq |r| < 0.6$	弱い相関がある
$0.6 \leq |r| < 0.8$	相関がある
$0.8 \leq |r|$	強い相関がある

Column 89 相関関係と因果関係の違い

相関関係は、単に2つの出来事が同時に起こる関係であり、必ずしも原因と結果の関係を示しているわけではない。一方、因果関係は、AがBを引き起こす原因であることを示す。たとえば、「アイスクリームの売上が増えると、日焼け止めの売上も増える」という相関があったとしても、アイスクリームの売上が日焼け止めの売上を引き起こしているわけではない。ここでは、気温が上がるという共通の要因が両方の売上に影響している可能性がある。

Column 90 箱ひげ図の作成

箱ひげ図は、データの分布やばらつきを視覚的に示すためのグラフで、主に5つの統計量（最大値、第1四分位数、中央値、第3四分位数、最小値）を利用してデータを簡潔に表現する。データの概要をつかみ、データの散らばり具合や外れ値（異常値）を把握するのに有効である。

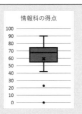

散布図の作成と近似曲線の表示

相関関係を視覚的に確かめたい場合は、散布図を作成するとよい。散布図は、相関係数を算出したデータセットが、2次元のグラフ上に、どのように分布しているかを確かめることができる。ここでは、前ページで算出した数学と理科の得点の相関係数を散布図に表して確認しよう。

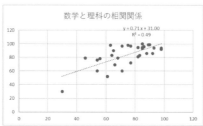

- 「F5:F34」と「G5:G34」を選択したうえで、[挿入] タブの [散布図] を選択しクリックする（①）。相関係数の表の下に散布図を移動させる。

- グラフを選択した状態で、[グラフのデザイン] タブの [グラフのレイアウト] グループの [クイックレイアウト] から「レイアウト1」を選ぶ。
- グラフタイトルに「数学と理科の相関関係」と入力し、横軸ラベルに「数学」、縦軸ラベルに「理科」と入力する。
- グラフを選択した状態で、[グラフ要素] の [近似曲線] を選択し [☑] を付ける（②）。

- 表示された近似曲線の点線をダブルクリックし、[近似曲線の書式設定] の下部にある [グラフに数式を表示する][R-2 乗値を表示する] を選択し [☑] を付ける（③）。
- 表示された数式をダブルクリックし、書式設定のオプションから [表示形式] を選択する。[カテゴリ] を [数値] に変更したうえで、[小数点以下の桁数] を2に変更し、小数点第2位までの表示にする。
- ◇「数学」と「理科」の散布図だけでなく、「国語」と「情報」、「国語」と「数学」などの散布図を作成し、相関係数と散布図の関係を確認しよう。

発展：Excel を使って、不定形の面積を求める

　子どもが授業で学んだ内容を、生活で問題解決に使えるようになることが重要である。そのような経験を積むことで、教科の学習が無味乾燥なものでなく、生活に使えるもの・有用なものであることを意識するようになる。算数の学習において、葉っぱの面積のように、公式がない形でも、平行線で分割することにより、台形の公式を使って近似値を求めることができる。その際、Excel の使用によって、簡単に効率的に面積を求めることが可能である。

- とってきた葉っぱを方眼用紙等に写し取る。
- 平行線を引いて、形を三角形と台形に分割する（今回 1cm の方眼用紙を用いた）。
- 平行線で分割された形を台形と見なして、上底・下底・高さを入力する。三角形は、上底・下底のいずれかが 0 の台形と見なす。
- 番号 1 の面積 E3 には、台形の公式＝（上底＋下底）×高さ÷2 であることを利用して、「=(B3+C3)*D3/2」と入力する。

- この E3 の内容を E 列最後のセルまでコピーする。
- 上底・下底・高さを入力して計算する。高さはほとんど 1cm になる。
- 上底の長さはほとんどの場合、前の番号の下底の長さと等しくなる。そこで、B4 には、上の番号の下底の値を入力するように、「=C3」と入力する。

- この B4 の内容を B 列最後のセルまでコピーする（前の番号の下底と違うときは、直接数値を入力する）。
- それぞれの台形の面積の合計を計算する。右上の図の場合、E25 に「=SUM(E3:E24)」と入力する。
- 求めた面積が方眼を数える方法より、正確になることを確認できる。

$4_\text{章}$ PowerPoint

PowerPoint では、学習内容を説明するための授業スライドや動きのあるデジタル紙芝居、研究会での発表資料や動画などを作成することができる。

PowerPointの画面の構成

①**タイトルバー**…スライドのファイル名（初期設定では［プレゼンテーション1］）。
②**タブ**…［挿入］や［アニメーション］などクリックすると、それに応じたリボンが③に表示される。
③**リボン**…コマンドを実行するためのボタンが表示される。
④**サムネイルペイン**…スライドのサムネイル（縮小版）が一覧表示される。
⑤**サムネイル**…作成中のスライドのサムネイル（縮小されたスライド）。
⑥**スライドペイン**…編集中のスライドが表示される。
⑦**ズームスライダー**…⑥で表示されているスライドの表示倍率を変更する。
⑧**表示モード**…［標準］［スライド一覧］［閲覧表示］の各モードを選択できる。

PowerPointの主なリボン

- **［挿入］**…［画像］［SmartArt］［テキストボックス］などのほかに、［ビデオ］［オーディオ］なども挿入できる。
- **［画面切り替え］**…プレゼンテーションで次のスライドに移動するとき、［カーテン］や［フェード］などの視覚的効果を追加したり、［カメラ］音などのサウンドを追加したりすることができる。
- **［アニメーション］**…スライド上にある［テキスト］［画像］［図形］などに、［開始（クリックなどで表示される）］や［終了（クリックなどで消える）］などの効果を設定したり、［継続時間］などを設定したりすることができる。
- **［スライドショー］**…作成したスライドを大型モニターやプロジェクターに投影する（プレゼンテーションを開始する）ときなどに利用する。［リハーサル］や［録画］などもできる。

4章　PowerPoint

PowerPointの見本

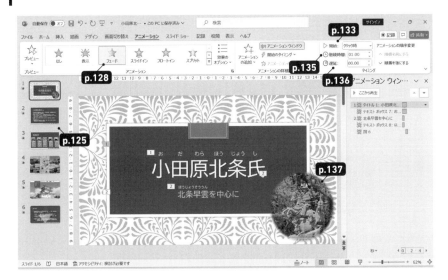

- p.125…スライドの追加
- p.128…[開始]のアニメーションの設定
- p.133…[タイミング]の[開始]の設定
- p.135…[タイミング]の[継続時間]の設定
- p.136…[タイミング]の[遅延]の設定
- p.137…[画像]の挿入（PCに保存している画像の利用）

- p.126…スライドの[テーマ]の設定
- p.130…[強調]のアニメーションの設定
- p.139…[SmartArt]の挿入
- p.139…[SmartArt]のアニメーションの設定

123

- p.141…［画面切り替え］の設定
- p.142…［開始のタイミング］の設定①（［開始］のアニメーションの場合）

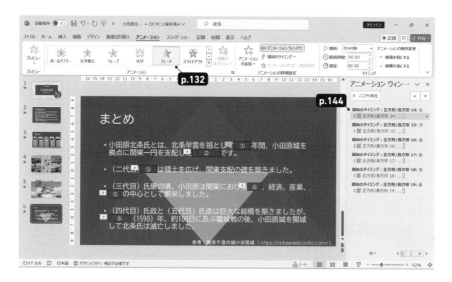

- p.132…［終了］のアニメーションの設定
- p.144…［開始のタイミング］の設定②（［終了］のアニメーションの場合）

【その他】
- p.146…［リンク］の挿入
- p.147…スライドショーの開始
- p.150…グラフの挿入
- p.151…グラフアニメーションの設定
- p.153…動画の作成

スライドの追加

PowerPoint を立ち上げ、[新しいプレゼンテーション]を選択すると、サムネイルペインには[タイトルスライド]のみ表示されている。

- スライドを追加したいときは、[ホーム]タブ（①）→[スライド]グループ→[新しいスライド]（②）の[∨]をクリックするとプルダウンメニューが表示されるので、求めるスライドを選択する（③）。
- ◇[タイトルとコンテンツ]スライドはよく利用するもので、コンテンツの部分には文字だけではなく、表やグラフ、SmartArt などを挿入することができる。
- ◇[2つのコンテンツ]スライドは、たとえば右側のコンテンツにグラフや画像などを入れ、左側のコンテンツに説明文を書くときなどに用いられる。
- ◇[白紙]スライドは、「PowerPoint の見本」の3枚目のスライドのように画像を全面に表示したいときやデジタル紙芝居を作成するときなど、タイトルが必要ない場合などに用いられる。

Column 91 [スライド一覧]など、プレゼンテーションの表示モード

PowerPoint で作業をするとき、デフォルトの画面は p.122「PowerPoint の画面の構成」のような[標準]（①）である。しかし、スライドの全体像を把握したいときは、[表示]タブ（②）→[スライド一覧]（③）を選択するとスライドが一覧表示される。

◇PowerPoint で発表し終えた後に[スライド一覧]で表示すると、スライドの全体像が見やすいので、コメントをもらいやすいというメリットもある。

◇[ノート]（④）では、プレゼンテーションの[発表者ツール]利用時に（発表者の PC 画面のみで）表示されるテキストを入力できる。

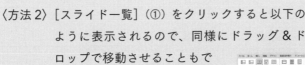

Column 92 スライドの順の変更

〈方法1〉スライドの順を変更するには、右図のようにサムネイルペインで順を変えたいスライドを左クリックしながら移動させる（ドラッグ＆ドロップ）。

〈方法2〉[スライド一覧]（①）をクリックすると以下のように表示されるので、同様にドラッグ＆ドロップで移動させることもできる。

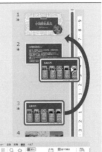

スライドの［テーマ］の設定

PowerPointでは、スライドに適用する色やフォント、背景などのデザインパターンがいくつも用意されている。

- スライドのテーマを設定したいときは、［デザイン］タブ（①）→［テーマ］グループの［▼］をクリックするとプルダウンメニューが表示される（②）。表示されているものにポインターを合わせると、スライドペインのスライドにテーマが適用され、スライドがどのように表示されるのかを確認することができる。

- プルダウンメニューの中からテーマを選択（クリック）すると、スライドにテーマが設定される。

◇［テーマ］を選択すると、作成中のすべてのスライドが同じテーマに沿ってデザインされる。

◇選択したスライドのみにテーマを設定したいときは、一覧表示されているものを右クリックし、［選択したスライドに適用］をクリックする。

◇［デザイン］タブ→［バリエーション］グループの［▼］をクリックするとプルダウンメニューが表示され、テーマごとに用意された［配色］（③）や［背景のスタイル］などを変更することができる。

Column 93 背景の書式設定

テーマを利用しなくても、スライドの背景色を変更することができる。

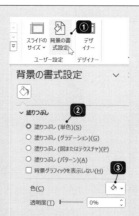

○ ［デザイン］タブ→［ユーザー設定］グループ→［背景の書式設定］（①）をクリックすると［背景の書式設定］作業ウィンドウが表示される。

◇ ［塗りつぶし（単色）］（②）では、［色］（③）から背景色を選択できる。

◇ ［塗りつぶし（グラデーション）］では、グラデーションの色や方向、角度などを細かく設定することができる。

◇ ［塗りつぶし（図またはテクスチャ）］では、オンライン画像や保存していた写真などを背景に挿入したりすることができる。

○ すべてのスライドを同じ背景色にする場合、［すべてに適用］をクリック。

Column 94　PowerPoint でルビ (ふりがな) を振る方法

Word でルビを振るときは文字列を選択し、[ホーム] タブ→ [フォント] グループ→ [ア/亜] で設定するが、PowerPoint には [ア/亜] がない。そのため、一方法として……

○ [挿入] タブ→ [テキストボックス] (①) で [横書きテキストボックス] (②) などを入れ、ルビを振りたい漢字の上にふりがなを書く (③)。

Column 95　PowerPoint のスライドのサイズ

PowerPoint のスライドのサイズには、[標準 (4:3)] と [ワイド画面 (16:9)]、[ユーザー設定のスライドのサイズ] がある。

◇新規で PowerPoint を立ち上げると [ワイド画面 (16:9)] になっている。

◇スライドのサイズを変更したいときは、[デザイン] タブ (①) → [ユーザー設定] グループ→ [スライドのサイズ] (②) で変更する。

○(近年の一般的な) 大型モニターやスクリーン (プロジェクター) を利用して説明 (発表) する場合は、入力できる文字数が多いなどの理由から、横幅が広い [ワイド画面 (16:9)] がお勧めである。

◇ [4:3] と [16:9] では、高さが同じで横幅が異なるので、[4:3] で作成したスライドを [16:9] のスクリーンで投影すると、左右に余白 (黒く表示される部分) ができてしまう。

○一方、印刷する場合や利用するスクリーンのサイズがわからない場合は、[標準 (4:3)] がお勧めである。

◇ [16:9] で作成したスライドを [4:3] のスクリーンで投影すると、縮小して投影される。

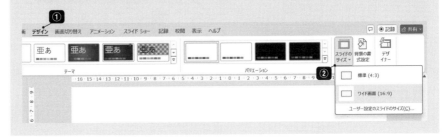

［開始］のアニメーションの設定

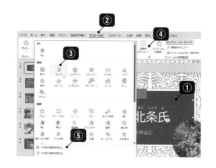

［開始］のアニメーションは、スライドショー時に［Enter］を押下したりマウスを左クリックしたりすることにより、画像や文字列などが表示されるアニメーションである。

◇右図では、①の文字列に［開始］の［フェード］のアニメーションを設定している。

●［開始］のアニメーションを設定したいときは、アニメーションを設定したい画像や文字列を選択し（①）、［アニメーション］タブ（②）→［アニメーション］グループにある［アニメーションスタイル］の［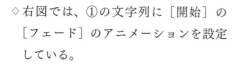］をクリックするとプルダウンメニューが表示されるので、求めるアニメーションを選択する（③）。

◇［開始］のアニメーションは「緑色」で表示されている。

◇［フェード］は、画像や文字列などを、ふわっと表示させたいときに利用するアニメーション。

◇［ワイプ］は、画像や文字列などを、下方向などから表示させたいときに利用するアニメーション。［アニメーション］グループにある［効果のオプション］（④）をクリックすると、［方向］などを選択することができる。

◇⑤をクリックすると、［開始効果の変更］ダイアログボックスが表示される。

○Mac の場合はリボンの表示が異なる。詳しくは Column 101「1つの画像に2つ以上のアニメーションを設定する方法：Mac の場合」を参照のこと。

Column 96 アニメーションウィンドウの表示

初めは見慣れないが、設定したアニメーションの動きなどが把握しやすかったり、細かい設定などができたりするので、アニメーションを設定するときはアニメーションウィンドウを表示した方がいい。

○［アニメーション］タブ（①）→［アニメーションの詳細設定］グループ→［アニメーションウィンドウ］（②）をクリックするとアニメーションウィンドウが表示される。

Column 97 アニメーションウィンドウの見方

アニメーションウィンドウを表示すると、たとえば右図上のように表示される。見慣れてくるとこのままでもよいが、見慣れていない頃は右図下のように、マウスや時計が表示されていた方がイメージしやすいかもしれない。右図下のように表示したいときは、ポインターをアニメーションウィンドウとスライドペインの間に合わせると、ポインターが○（①）で囲ったような形になる。左クリックしたまま矢印の方向に動かすと、マウスなどが表示される。

- ②のように、☆の横に数字（とマウス）が表示されているのは、左クリックなどをしたときにアニメーションが開始されることを示している。数字は表示される順を示している。
- ③のように、☆の横に何も表示されていないのは、「直前の動作と同時」にアニメーションが開始されることを示している。
- ④のように、☆の横に時計が表示されている（または、⑤のように何も表示されていなくて、⑥のように横棒が上の横棒と比べてずれている）のは、「直前の動作の後」にアニメーションが開始されることを示している。
- Mac の場合、クリック時に開始されることは、マウスではなくポインタ[🔺]で示される。また、⑥の横棒の表示はなく、ポインタや時計が常に表示される。

［強調］のアニメーションの設定

［強調］のアニメーションは、スライドショー時に［Enter］を押下したりマウスを左クリックしたりすることにより、画像や文字列などが点滅したり、拡大したりするアニメーションである。

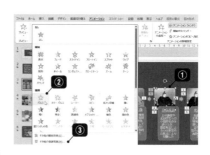

◇右図では、①の画像に［強調］の［パルス］のアニメーションを設定している。

◇画像の横に［1］［5］と2つの数字が付いているのは、この画像に2つのアニメーションを設定しているからである（1つの画像などに2つ以上のアニメーションを設定する方法は Column 100、101 で説明している）。

●［強調］のアニメーションを設定したいときは、アニメーションを設定したい画像や文字列を選択し（①）、［アニメーション］グループにある［アニメーションスタイル］のプルダウンメニューから求めるアニメーションを選択する（②）。

◇［強調］のアニメーションは「黄色」で表示されている。

◇［パルス］は、画像や文字列などを点滅させたいときに利用する。

◇［シーソー］は、画像や文字列などを揺らしたいときに利用するアニメーションで、(Column 98 で説明しているように、［パルス］の点滅回数や)［シーソー］の揺れる回数は変更することができる。

◇右図③をクリックすると、［強調効果の変更］ダイアログボックスが表示される。

Column 98 パルスなどの繰り返しの回数の設定方法

アニメーションでは、アニメーションを繰り返す回数（たとえば、パルスの点滅を何回繰り返すのか）などを設定することができる。

○アニメーションウィンドウで、繰り返しの回数などを変更したいアニメーションを選択し、［▼］（①）をクリックするとプルダウンメニューが表示されるので［タイミング］（②）を選択する。

○右図下のようなダイアログボックスが表示されるので、［繰り返し］の［▼］（③）をクリックし、プルダウンメニューから求める回数などを選択する。

Column 99 フラッシュ型教材

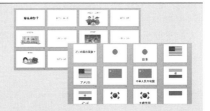

授業の導入時などに、短時間で前回の学習内容を復習させたり、基礎を反復させたりするものとしてフラッシュ型教材がある。

大型モニターなどに映しながら、テンポよく、ゲーム感覚で取り組むことができ、PowerPointで簡単に自作することもできる。

［終了］のアニメーションの設定

　［終了］のアニメーションは、スライドショー時に［Enter］を押下したりマウスを左クリックしたりすることにより、画像や文字列などが消えるアニメーションである。

◇右図では、①の図に［終了］の［フェード］のアニメーションを設定している。

●［終了］のアニメーションを設定したいときは、アニメーションを設定したい画像や文字列を選択し（①）、［アニメーション］グループにある［アニメーションスタイル］のプルダウンメニューから求めるアニメーションを選択する（②）。

◇［終了］のアニメーションは「赤色」で表示されている。

◇右図③をクリックすると［終了効果の変更］ダイアログボックスが表示される。

Column 100 1つの画像に2つ以上のアニメーションを設定する方法：Windows の場合

　たとえば、［開始］の［フェード］で表示した画像を［強調］の［パルス］で点滅させたいときがある。この場合、1つの画像に2つのアニメーションを付けることになる。1つの画像などに2つ以上のアニメーションを設定するときは……

○1つ目のアニメーションは、アニメーションを設定したい画像や文字列を選択した後（①）、［アニメーション］グループにある［アニメーションスタイル］（②）のプルダウンメニューから求めるアニメーションを選択する。

○2つ目（以降）のアニメーションを設定するときは、アニメーションを設定したい画像や文字列を再度選択した後（①）、［アニメーションの追加］（③）のプルダウンメニューから求めるアニメーションを選択する（④）。

Column 101 1つの画像に2つ以上のアニメーションを設定する方法：Mac の場合

　Mac の場合は1つの画像について［開始］［強調］［終了］を同時に設定することができる。

○1つ目のアニメーションは、アニメーションを設定したい画像や文字列を選択した後（①）、［アニメーション］グループにある［アニメーションスタイル］（②）の一覧から求めるアニメーションを選択する。

○2つ目（以降）のアニメーションを設定するときは、続けて、［強調効果］（③）や［終了効果］（④）の一覧から求めるアニメーションを選択する。

［タイミング］の［開始］の設定

　［タイミング］では、設定したアニメーションの［開始］や［継続時間］、［遅延］を設定できる。

　［タイミング］の［開始］では、アニメーションを「どのように動かしはじめるのか」を設定することができる。

◇アニメーションの［開始］と表現が同じなので区別すること。

◇アニメーションを設定（以下では、タイトルに［フェード］のアニメーションを設定）したとき、そのアニメーションは基本的に［Enter］を押下したりマウスを左クリックしたりしたとき（＝［クリック時］）に動きはじめる。

●［タイミング］の［開始］を設定したいときは、［アニメーション］タブ（①）→［タイミング］グループ→［開始］（②）で、［クリック時］［直前の動作と同時］［直前の動作の後］のいずれかを選択することができる

◇**［クリック時］**…クリックしたときにアニメーションが動きはじめる設定。

◇**［直前の動作と同時］**…クリックなどをしなくても、直前のアニメーションと同時に動きはじめる設定。

◇**[直前の動作の後]**…クリックなどをしなくても、直前のアニメーションの後に動きはじめる設定。

Column 102 設定したアニメーション効果の確認方法

設定したアニメーションを確認する方法は4つある。

〈方法①〉［スライドショー］タブ→［スライドショーの開始］グループ→［現在のスライドから］をクリックする。

〈方法②〉スライドの右下にある［表示選択ショートカット］→［スライドショー］をクリックする。

〈方法③〉［アニメーション］タブ→［プレビュー］グループ→［プレビュー］をクリックする。

〈方法④〉［アニメーションウィンドウ］→［ここから再生］などをクリック

する。

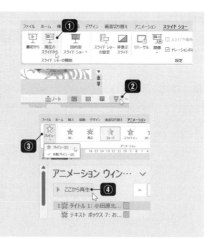

◇ [開始] を [クリック時] で設定した場合、スライドショーでは [Enter] を押下したりマウスを左クリックしたりすることにより動きはじめるが、方法③④で確認すると、クリックしなくても自動で動く。

◇ 発表前には、①または②の方法で確認した方がよい。

Column *103* USB メモリなどの記憶デバイスを取り外すときの注意点：Windows の場合

データの保存に USB メモリなどを利用した後は、以下の手順などで USB メモリを取り外す。

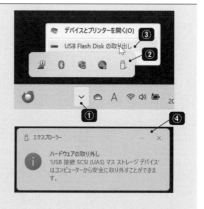

○ PC 画面右下の①をクリックし USB のマーク（②）を選択する。一覧が表示されるので、取り外したい USB メモリを選択する（③）。

○ 「ハードウェアの取り外し」のメッセージ（④）が表示されてから USB メモリを取り外す。

◇ 「このデバイスは現在使用中です」などのメッセージが出てきたら、編集していたファイルが開いたままになっている可能性が考えられるので、しっかり保存などをしてから上記の流れで取り外す。

［タイミング］の［継続時間］の設定

　［タイミング］の［継続時間］では、アニメーションの動きの長さを設定することができる。

◇アニメーションを設定したとき、それぞれのアニメーションによってアニメーションの動きの長さ（＝［継続時間］）は決まっている。

◇しかし、既定の長さより、「ゆっくり表示したいとき」「短く（さっと）表示したいとき」などがある。そのような場合は［継続時間］を変更する。

●［タイミング］の［継続時間］を変更したいときは、［アニメーション］タブ（①）→［タイミング］グループ→［継続時間］（②）を変更する。

◇［継続時間］を長くするとゆっくり表示され、短くするとさっと表示されるようになる。

Column 104　USBメモリなどの記憶デバイスを取り外すときの注意点：Macの場合

USB-Cポートしか付いていないMacの場合、USB-Aのメモリをそのまま用いることはできない。そのような場合には変換アダプタを用いるか、USB-Cのメモリを用いるとよい。なお、USB-AとUSB-Cが両方付いた製品もあり、異なるポートの機器で用いる場合には便利である。
なお、MacでUSBメモリを取り外す場合は、デスクトップ上に表示されたUSBメモリのアイコンを、マウスやトラックパッドを押しながら移動させ、Dock（通常はホーム画面下部に並ぶアプリのアイコンの一覧）上にあるゴミ箱のフォルダに入れることにより、安全に取り外すことができる。

［タイミング］の［遅延］の設定

　［タイミング］の［遅延］では、アニメーションの動き始めの時間を設定することができる。

◇アニメーションを設定したとき、何も設定しなければアニメーションは基本的にすぐに動きはじめる。

◇しかし、たとえば［直前の動作の後］で設定した［フェード］のアニメーションを［直前の動作の後］の直後ではなく、少し時間をおいて表示したいときがある。そのようなときは、［遅延］を変更する。

●［タイミング］の［遅延］を変更したいときは、［アニメーション］タブ→［タイミング］グループ→［遅延］（①）を変更する。

●Macの場合は、［アニメーションウィンドウ］を開き、変更したいアニメーションを指定すると［タイミング］が表示される。［▶］をクリックして［▼］にすると［遅延］の変更が可能になる。

◇［タイミング］の［開始］を［直前の動作の後］にすると、［遅延］は［00:00］となっている。

◇［遅延］の数字を変更する（②）と（図では［00:25］に変更）通常よりも少し遅れて表示される。

◇［00:25］なので分かりにくいが、アニメーションウィンドウを確認すると、③のように棒グラフが前のアニメーションよりも少しずれていることが分かる。

4章　PowerPoint

［画像］の挿入（PC に保存している画像の利用）

画像や図形の挿入方法については、基本的に Word と同じである。

- PC に保存している画像を挿入したいときは、［挿入］タブ→［画像］グループ→［画像］（①）をクリックするとプルダウンメニューが表示される。
- ここでは、PC に保存している画像を利用するので、［このデバイス］（②）を選択する。
- ［図の挿入］ダイアログボックスが表示されるので、画像の保存先を選択し、画像を選択（④）して［挿入］をクリックする（⑤）。
- ◇ たとえば、右図では［デスクトップ］（③）にある［win］というフォルダの中にある「北条早雲像」という画像（④）を挿入している。

Column 105　スマートフォンに保存した画像を挿入する方法

〈方法１：ケーブル接続で転送する方法の一例〉
android のスマートフォンと PC をケーブルでつなぐと、USB の使用目的（「充電のみ」「ファイルを転送」など）を聞かれる。「写真を転送」をタップすると、上記の③で自身のスマホを選択できるようになる。設定などにより異なるが、写真は［Picture］のフォルダに入っていることが多いので、それらのフォルダから目的の写真を選択する。

〈方法２：メール添付で PC に送る方法の一例〉
スマートフォンで写真を表示し、共有（①）をタップしてメーラーを選択する（②）。宛先に PC で受け取ることができるメールアドレスを入力し、PC に送る。

〈方法3：LINEでPCに送る方法〉
LINEで自分1人のトークルームを作成し、画像を共有することもできる。トーク画面の右上にある吹き出しマークを押し（①）、グループを選ぶ（②）。「友だちを選択」の画面では誰も選択せずに「次へ」を押し（③）、グループの名前を付けて「作成」を押す（④）ことで自分だけのトークルームを作成することができる。

スマートフォンでそのトークルームに画像を送信し、PCのLINEでも同じアカウントでログインすると、トークルームに送られた画像を確認することができるので必要な画像を選択する。

〈方法4：AirDropを用いる方法〉
iPhoneとMacなどAppleの製品同士で画像を共有する場合には、AirDropを用いることもできる。
○スマートフォンで送信した画像を選択し、共有ボタンを押す（①）。共有方法の中からAirDropを選択し（②）、共有相手を選択する（③）。
○受信側では画像を「受け入れる」ことを選択し、保存場所を選んで受信する。
◇AirDropを用いて画像の共有を行う際は、送信機器、受信機器ともにWi-FiやBluetoothを有効にしておく必要がある。また、受信機器は［設定］→［一般］→［AirDrop］から受信できるように設定しておく必要がある。

[SmartArt] の挿入

［SmartArt］の挿入方法については、Word と同様である。

◇右図では、［手順］（①）の［画像付きプロセス］（②）を選択している。
● SmartArt を挿入したいときは、［挿入］タブ（③）→［図］グループ→［SmartArt］（④）をクリックすると［SmartArt グラフィックスの選択］ダイアログボックスが表示されるので、求める SmartArt を選択する。
◇ SmartArt では、Column 106 にある通り、必要に応じてテキストボックスや図を簡単に追加することができる。
◇ SmartArt は［タイトルとコンテンツ］スライドの［コンテンツ］からでも挿入できる。

[SmartArt] のアニメーションの設定

PowerPoint では、挿入した［SmartArt］にアニメーションを設定することができる。

その際、挿入した［SmartArt］を1つの図として表示することもできるし、それぞれの図（図形）ごとに表示することもできる。

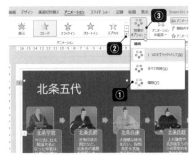

◇右図では、［SmartArt］に設定した［開始］の［フェード］のアニメーションを［個別］（①）に表示するように設定している。
● アニメーションを設定したい［SmartArt］を選択し、［アニメーション］タブ→［アニメーション］グループにある［アニメーションスタイル］（②）で求めるアニメーションを選択する。

● ［効果のオプション］（③）をクリックするとプルダウンメニューが表示されるので、求めるものを選択する。
◇［1つのオブジェクトとして］は、［SmartArt］を一塊の画像として表示する。
◇［すべて同時］は、［1つのオブジェクトとして］と同じく［SmartArt］を一塊の画像として表示するが、④のように、それぞれの画像などにはアニメーションが個別に設定されており、後から、それぞれの（画像などの）［タイミング］の［開始］などを変更することができる。

◇ [個別] は、[SmartArt] の各要素を一塊に表示する（⑤は [個別] にしたときのアニメーションウィンドウの一例。2つ目以降では、画像と説明と矢印を一塊として表示する）。

Column 106 SmartArt の項目（図形など）の追加

挿入した [SmartArt] に図形などの項目が足りないときは追加することができる。

○ 画像などを追加したい [SmartArt] を選択する（①）と [SmartArt のデザイン]（②）が表示されるので、[グラフィックの作成] グループにある [図形の追加]（③）で選択する。

◇ 右図では、4つ目の図形が追加されている。

Column 107 デジタル思考ツール

頭の中で考えたことを付箋などに書き出し、分類することで考えを整理するものとして思考ツールがある。GIGA スクール構想により1人1台の情報端末が配布されてからは、デジタルで思考ツールを利用する実践も増えてきた。デジタルにすることにより共同編集がしやすくなったり、試行錯誤や発表がしやすくなったりするというメリットもある。

下図左は、教員を目指す大学生が作成したものだが、児童生徒に作成してもらうときは、PC のスキルを埋めるためにも下図右のようなテンプレートを配布するのも一方法である。

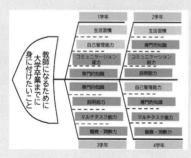 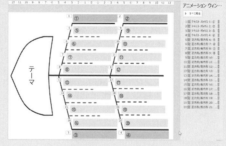

［画面切り替え］の設定

　［画面切り替え］は、スライドを表示するときにアニメーション効果を追加するものである。

　既定では、スライドの切り替え時にアニメーションが設定されていないので、スライドはパッと表示される。［画面切り替え］（②）を利用することにより、魅せるスライドにすることができる。

◇［画面切り替え］は、設定したスライドが開始されるときに設定される。右図では、2枚目のスライドが表示されるときに［フェード］で少しゆっくり表示されるように設定している。

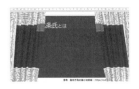

● ［画面切り替え］を設定したいときは、設定したいスライドを選択（①）し、［画面切り替え］タブ（②）→［画面切り替え］グループ→［▼］（切り替え効果）をクリックするとプルダウンメニューが表示されるので、求めるもの（③）を選択する。

◇［フェード］は、［開始］のアニメーションのときと同じく、スライドがふわっと表示される。

◇［ワイプ］も［開始］のアニメーションなどのときと同じく、スライドが右から左方向にすばやく表示される（方向は［効果のオプション］で変更できる）。

◇［カーテン］は、前のスライドが中心から左右にカーテンのように分かれて、現在のスライドが表示される。

◇［風］は、前のスライドがはためいた後に、現在のスライドが表示される。

◇［折り紙］は、前のスライドが折り鶴の形に折られて飛び立ち、現在のスライドが表示される。

Column 108 ［画面切り替え］：［変形］

下図では、2枚目（右側）のスライドに［画面切り替え］の［変形］（①）を設定している。

このスライドを［スライドショー］→［現在のスライドから］で開始すると、（1枚目と2枚目のニワトリにアニメーションは設定していないのに）1枚目のスライドのニワトリ（②）が2枚目の位置（③）にゆっくり移動したように表示され、それと同時に文字列が表示される（④）。

アニメーションで設定することも可能だが、［画面切り替え］を利用することで、画像などをよりスムーズに移動させることができる。

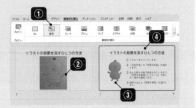

［開始のタイミング］の設定①（［開始］のアニメーションの場合）

　PowerPointでは基本的に、スライドショー時に［Enter］を押下したりマウスを左クリックしたりすることにより、設定した順にアニメーションが動きはじめる。しかし、「PowerPointの見本」の3枚目（p.124の上の図）では、地図上にある数字（①〜④）の書かれた△をクリックすると、その数字の場所の写真が表示される。

　これにより、たとえば園児や児童生徒が好きな場所の数字を言えば（押せば）、アニメーションを設定した順とは関係なく対象の写真を表示することができ、インタラクティブな授業を展開することができる。

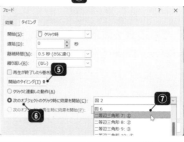

- ［開始のタイミング］を設定したいときは、アニメーションを設定したい写真（①）を選択し、［開始］のアニメーション（②）を設定する。

- ［アニメーションウィンドウ］で、設定したアニメーションの［▼］（③）をクリックして［タイミング］（④）を選択する。
- 設定したアニメーションのダイアログボックス（図では写真に［フェード］を設定したので、左上に［フェード］と書かれたダイアログボックス）が表示されるので、［開始のタイミング］（⑤）をクリックする。
- ［次のオブジェクトのクリック時に効果を開始］（⑥）を選択し、プルダウンメニューの中から、クリックしたら①の写真が表示されてほしいオブジェクト（右図上では△の1）を選択（⑦）して［OK］をクリックする。
- Macの場合は、［アニメーションウィンドウ］の［トリガー］で設定する。

◇オブジェクトとは、画像や図形、テキストなどのことで、「二等辺三角形7」などの数字は各自の作業により異なる。

◇「PowerPointの見本」の3枚目では、4つの写真にそれぞれに［開始のタイミング］を設定しているが、これらは上記の手順で、1つずつ設定しなければならない。

◇［開始のタイミング］が設定されると、［アニメーションウィンドウ］の表示は⑧のようになる。また、［開始のタイミング］を設定した写真などの左上には、稲妻のようなマーク（⑨）が表示される。

Column 109 オブジェクト名が分からないとき

スライド上にいくつもの図や図形があると、前ページの⑦で選択するオブジェクト名が分かりにくかったりする。そのようなときは［ホーム］タブ（①）→［編集］グループにある［選択］（②）

→［オブジェクトの選択と表示］（③）をクリックする。上図のような一覧が表示されるので、［選択］内でオブジェクトをクリック（④）すると、スライドペイン内のオブジェクトが選択されるので（⑤）、そのオブジェクトを確認することができる。

なお、Macの場合は、［ホーム］タブ→［整列］→［選択ウィンドウ］をクリックすると［オブジェクトの選択と表示］ウィンドウが開く。

Column 110 デザイナー

PowerPointに画像を挿入したり、［ホーム］タブで右図の①をクリックしたりすると、画面の右側に［デザイナー］が表示される。［デザイナー］では、統一感あるレイアウトなどを提案してくれるので、手間をかけずにセンスのいい発表スライドを作成することができる。

◇［デザイナー］が必要なければ、「新しいプレゼンテーションに対するアイデアの表示を停止する」や［×］などをクリックする。

［開始のタイミング］の設定②（［終了］のアニメーションの場合）

前ページでは、数字の書いてある△をクリックすれば、対象の写真が表示されるという設定をした（［開始］のアニメーションでの設定）。同じことは、［終了］のアニメーションでも設定できる。

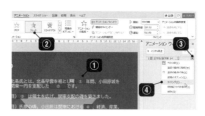

たとえば、「PowerPointの見本」の4枚目のスライド（サムネイルペインの6枚目）のように、授業のまとめなどで利用する確認テストで解答の部分を隠しておき、児童生徒に分かった部分の解答を（①からの順ではなく自由に）答えてもらうときなどに利用できる。

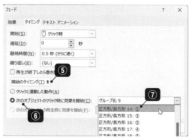

- アニメーションを設定したい図形（①）を選択し、［終了］のアニメーション（②）を設定する。
- ［アニメーションウィンドウ］で、設定したアニメーションの［▼］（③）をクリックして［タイミング］（④）を選択する。
- 設定したアニメーションのダイアログボックス（図では図形に［フェード］を設定したので、左上に［フェード］と書かれたダイアログボックス）が表示されるので、［開始のタイミング］（⑤）をクリックする。
- ［次のオブジェクトのクリック時に効果を開始］（⑥）を選択し、プルダウンメニューの中から、クリックしたら設定したアニメーションが開始してほしいオブジェクトを選択（⑦）して［OK］をクリックする。
◇ 今回は、「①の図形をクリックしたら、①の図形が消えて解答が表示されてほしい」ので、⑦では、①の図形を選択して［OK］をクリックする。
- Macの場合は、［アニメーションウィンドウ］の［トリガー］で設定する。

Column 111 直線（まっすぐの線）や正方形、真円（真ん丸）の描き方

直線は、［挿入］→［図形］→［線］で描くが、横にまっすぐ描いたつもりでも、少し曲がっているときがある（①）。そのようなときは［Shift］キーを押しながら線を引くと、直線を描くことができる。
同様に、［Shift］キーを押しながら［正方形／長方形］を描くと正方形に、［楕円］を描くと真円が描ける。

Column 112 図の回転の方法

挿入した図形などを反転させたいときは、以下の方法がある。

〈方法1〉
図形を選択する（①）と［図形の書式］タブ（②）が表示されるので、［配置］グループ→［オブジェクトの回転］（③）で、［上下反転］（④）などを選択する。

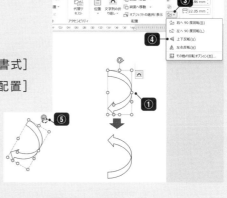

〈方法2〉
図形を選択すると［回転ハンドル］（⑤）が表示されるので、ポインターを回転ハンドルに重ねて左クリックしながら回転させる

Column 113 PowerPointでの［文字列の折り返し］

Column 44で説明しているように、Wordに画像などを挿入すると［文字列の折り返し］（①）を意識する必要がある。

◇ 右図上はWordに画像を挿入したときだが、［図の形式］タブには［文字列の折り返し］がある。また、画像を選択すると［🔼］が表示されるので、それをクリックすると［レイアウトオプション］（②）が表示される。
○ 一方、PowerPointでは、図を挿入しても右図下のように［図の形式］タブに［文字列の折り返し］はなく、画像を選択しても［🔼］は表示されない。
◇ PowerPointでは、Wordで画像を挿入したときの［前面］のように画像が挿入されるので、［文字列の折り返し］は特に意識する必要はない。
◇ Wordのときと同じように、［前面へ移動］［背面へ移動］は選択可能なので、画像などの重なりを変更することはできる。

［リンク］の挿入

右図のスライド（見本のサムネイルペインの5枚目）では、挿入した画像をクリックすると「小田原城の歴史」に関するWebページが表示されるようにリンクを設定している。

- ［リンク］を設定したいときは、リンクを設定する画像などを右クリックし、［リンク］（①）を選択する。
- ［ハイパーリングの編集］ダイアログボックスが表示されるので、表示したいサイトのURLを［アドレス］（②）に貼り付けて［OK］をクリックする。

◇ サイトのURLをコピーしたいときは、サイトのアドレスバー（③）を右クリックして［コピー］（④）を選択する。
◇ リンク先としてファイルやスライドなども設定できる。

Column 114 教材作成などで利用できるサイト紹介：NHK for School

授業の導入で、園児や児童生徒にこれから学習する内容について興味を持ってもらったり、学習途中に動画で学びを深めてもらったりしたいときに利用できるサイトとして「NHK for School」がある（https://www.nhk.or.jp/school/）。

サイトには、NHKで放送された番組や学習内容を簡潔にまとめたクリップなどがあり、文部科学省が定めた学校では、授業で利用することを目的とすれば著作権を気にすることなく自由に利用することができる。

図①の「先生向け」を「ON」にすれば、教科書や学習指導要領などから選択することもできる。また、すべてのコンテンツではないが、「学習指導案」や「板書計画」、「（配布用・掲示用）ワークシート」などが用意されているものもある。

図のように、動画の開始と終了を設定（②）して、そのアドレスをコピーする（③）こともできる。

スライドショーの開始

PowerPoint で説明などをするときは、PC とプロジェクターや大型モニターなどを HDMI ケーブルなどでつなぎ、スライドショーを開始する。

- スライドショーを1枚目のスライドから開始したいときは、［スライドショー］タブ（①）→［スライドショーの開始］グループ→［最初から］（②）を選択する。

◇ その際、［モニター］グループにある［発表者ツールを使用する］（③）にチェックを入れておくと、スライドショーを開始したときは右図中央のように、自身の PC 画面には「現在投影されている画面」（④）、「次に表示される画面」（⑤）、「ノート」に書いたテキスト（⑥）が表示される。

◇ スライドショーの画面では、ペン（⑦）をクリックすると［レーザーポインター］や［ペン］などが表示される。

◇ ［レーザーポインター］（⑧）を利用すると、大型モニターなどに投影しているスライド上にポインターを表示することができるので、注目してほしいポイントを指し示すことができる。

◇ ［ペン］を利用すると、投影しているスライド上に手書きで文字や図などを記入（追加）することができる。

◇ ［ノート］については、Column 91「［スライド一覧］など、プレゼンテーションの表示モード」を参照すること。

Column 115 PowerPointの投影：Macの場合

Macをプロジェクターにつないだ際、パソコンの画面上に表示されている画面がスクリーン等に投影されないことがある。

○その場合、［システム設定］→［ディスプレイ］（①）を開き、内蔵ディスプレイ以外にディスプレイが表示されている（外部ディスプレイが認識されている）ことを確認する。使用形態を［ミラーリング］（②）にすると、パソコン画面と同じものが投影される。

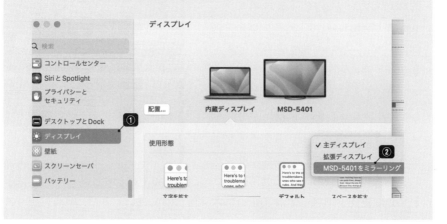

Column 116 ケーブルについて

充電をするときやデータを転送するときなど、PCを利用する場面ではケーブルを利用すること機会は多い。ケーブルには、USB-A（①）やUSB-C（②）、iPadなどで利用されているLightning（③）などがある。

スライドショーのときに利用することが多いHDMI（④）については、上下で形状が異なるので、差し込むときには注意が必要である。

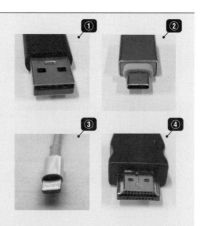

◇Macの中にはUSB-Cポートのみのモデルがある。その場合にはそのままHDMIケーブルを用いることができないので、変換アダプタを用意しておくとよい。

Column 117 図形内のテキストボックスの余白の変更

右図の上の［吹き出し］のように、図形内のテキストボックスに文字を入力した時にうまく収まらないことがある。そのようなときの対処方法として、「図形の大きさを変える」「文字列のフォントサイズを変更する」などが考えられる。しかし、（右図の下の［吹き出し］のように）「図形内のテキストボックスの余白」を変更する方法がある。

○図形を右クリックして［図形の書式設定］を選択する。［図形の書式設定］作業ウィンドウで［文字のオプション］（①）→［テキストボックス］（②）をクリックする。

○（ここでは、右図上の最終行の「い」を右図下のように3行目に収めたいので）［左余白］のサイズ（③）と［右余白］のサイズ（④）を変更する。

◇右図では「0.25cm」になっているものを「0cm」にする。

◇この方法は万能ではなく、余白を小さくしても文字列がテキストボックスに納まらないこともある。そのような場合は、図形の大きさを変えるなどで対応するとよい。

Column 118 図を図形にあわせてトリミングする方法

［図］（写真など）を［図形］の［塗りつぶし］で挿入することにより、図形にあわせて図をトリミングすることができる。

○［挿入］タブ→［図］グループ→［図形］で［四角形］や［基本図形］などの図形を挿入し、図形を右クリックして［図形の書式設定］を選択する。

○［図形の書式設定］作業ウィンドウで、［塗りつぶし］→［塗りつぶし（図またはテクスチャ）］などから背景に写真などを挿入すると右図のようになる。

◇なお、図を挿入すると［図形の書式設定］が［図の書式設定］にかわる。

グラフの挿入

PowerPointでは、作成したグラフにアニメーションを設定することができる。アニメーションを設定することにより、児童生徒の注意を引くことができる。また、注目してほしい部分のみ（たとえば、月別の気温を示す棒グラフの8月のみ、など）にアニメーションを設定することもできる。

以下では、東京都の月別平均気温のグラフをPowerPoint上で作成する一方法を説明し、次ページでそのグラフにアニメーションを設定する一方法を説明する。

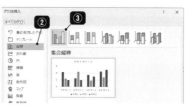

- グラフを挿入したいときは、たとえば［タイトルとコンテンツ］の［コンテンツ］で［グラフの挿入］（①）を選択する。
◇［挿入］タブ→［図］グループ→［グラフ］でも挿入できる。
- ［グラフの挿入］ダイアログボックスが表示されるので、ここでは［縦棒］（②）→［集合縦棒］（③）を選択し［OK］をクリックする。
- ［Microsoft PowerPoint内のグラフ］というシート（④）が表示されるので、下図のように、B列（⑤）に月別の平均気温を、Aの列（⑥）に「1月」「2月」…と入力し、入力し終えたら［×］で閉じる。

◇今回は［系列2］［系列3］には入力しないので、削除する。
◇［カテゴリ］は［カテゴリ4］までしか示されていないが、以降の列に［4月］［6月］…と［12月］まで入力する。
◇棒グラフの詳しい作成方法は、p.98で確認すること。
◇なお、ExcelでできていたことがPowerPointのグラフ作成ではできないこともあるので注意が必要である。
◇Excelで「行」は横（水平）方向。「列」は縦（垂直）方向。

グラフアニメーションの設定

ここでは、縦棒のグラフを下から伸びてくるようにアニメーションを設定する。

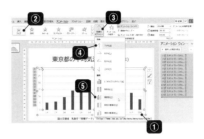

- グラフに上記のアニメーションを設定したいときは、グラフ全体（①）を選択し、［開始］の［ワイプ］（②）を選択する。
- ［効果のオプション］（③）の［方向］で［下から］（④）を選択し、月別に表示したいので［連続］で［項目別］（⑤）を選択する。
◇ ［連続］で［1つのオブジェクトとして］を選択すると、グラフを1つの塊としてアニメーションを設定することになるので［プロットエリア］（グラフの背面の部分）も含めて一度に表示される。
◇ ［連続］で［系列別］を選択すると（上記の入力では）［プロットエリア］がまずは表示され、1〜12月の縦棒が一度に表示される。
◇ そのほかに、［系列の要素別］などもあるので、各自で確認してみるとよい。

Column 119 PowerPointで作成したグラフのデータの再表示

PowerPointで作成したグラフのデータを再編集したい場合は、グラフを選択し（①）、［グラフのデザイン］タブ（②）→［データの編集］グループ→［データの編集］（③）を選択するとシートが表示される。

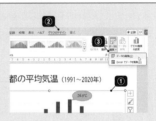

Column 120 吹き出しの頂点を2つにする方法：接合

［吹き出し］を挿入するとき、頂点で指し示したい部分が2つのときがある。以下では、そのような［吹き出し］の作成方法を説明する。

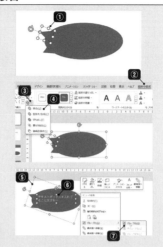

- 挿入した［吹き出し］の上に、（［挿入］タブ→［図］グループ→［図形］で挿入した）［二等辺三角形］を①のように重ねて置く。
- ［Shift］キーを押しながら［吹き出し］と［二等辺三角形］を選択し、［図形の書式］タブ（②）→［図形の挿入］グループ→［図形の結合］（③）→［接合］（④）をクリックすると下図のような、頂点が2つの［吹き出し］ができる。

＊［接合］はWordではできないので注意すること。

- ただし、作成した吹き出しが［接合］により傾いてしまい（⑤）、文字がうまく入力できないときがある。
- そのようなときは、作成した吹き出しの上にテキストボックス（⑥）を置いて、そこに文字を入力し、図とテキストボックスをグループ化（⑦）するとよい。

動画の作成

PowerPoint では、作成したスライドに音声（説明）を記録しながら動画にすることができる。作成した動画は授業動画として利用したり、動画サイトにアップロードしたりすることができる。

- 作成したスライドを動画にしたいときは、［記録］タブ（①）→［録画］グループ→［先頭から］（②）を選択する。

- 右図中央のような画面が表示されるので、［記録を開始］（③）をクリックする。「3→2→1」のようにカウントダウンが始まるので、記録が開始されたらスライド上をクリックするか、［▶］（④）をクリックしてスライドの記録を進める。

- スライドの最後まで記録し終えると、「スライドショーの最後。エクスポートするには、ここをクリックします。」などと表示されるので画面上をクリックする。
- 右図下のような画面が表示されるので、［ビデオのエクスポート］（⑤）をクリックするとエクスポートが始まる。
◇［エクスポート］せずに終わるときは、⑥をクリックするとスライド作成の画面に戻る。
- ［ビデオが正常にエクスポートされました］と表示されたら、［ビデオの表示と共有］をクリックして作成したビデオを確認するか、［終了］をクリックしてビデオの記録を終了する。
◇特に指定しなければ、作成した動画は PowerPoint のスライドと同じ場所に［mp4］形式で保存される。
- Mac の場合は、メニューバーの［ファイル］→［エクスポート］をクリックするとダイアログボックスが開くので［ファイル形式］から［MP4］か［MOV］を選択し［エクスポート］のボタンをクリックする。その際、作成したファイルの保存場所も指定する。

Column 121 記録の修正

○記録した音声やタイミングを修正するのは、［記録］タブ（①）→［編集］グループ→［記録をクリア］（②）で、［現在のスライドのレコーディングをクリア］か［すべてのスライドのレコーディングをクリア］のいずれかを選択する（③）。
○レコーディングをクリアすると、そのスライドの（音声やタイミングなど）

記録が消えるので、[録画] グループの [現在のスライドから] で、再度、タイミングなどを記録する必要がある。

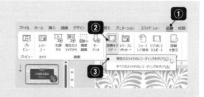

Column 122 フォトでの動画のトリミング

作成した動画を確認したとき、たとえば最初の数秒が不必要な場合などがある。このようなときは、Microsoft フォトでトリミングすることができる。以下では、一方法を説明する。

◇トリミングとは、画像や動画などで不必要な部分を切り取り、抜き出すことである。

◇フォトでは、写真やビデオを管理したり編集したりすることができる。

○（フォルダなどにある）トリミングしたい動画（①）を右クリックし、[プログラムから開く]（②）→[フォト]（③）を選択する。

○右図のように、フォトに選択した動画が表示されるので、[ビデオのトリミング]（④）を選択する。

○動画を確認しながら、切り出したい動画の開始位置（⑤）と終了位置（⑥）を右クリックしながら指定する。

○⑤⑥を設定したら、[コピーして保存]（⑦）をクリックする。

◇[コピーして保存] は、元の動画を残して、トリミングした動画を別の名前で保存する方法である。

◇[コピーして保存] の [▽] をクリックすると [保存] が表示される。[保存] では、トリミングした動画のみが保存される（元の動画と置き換わる）。

○Mac では、QuickTmePlayer で同様の作業が行える。また、iMovie を用いるとより多様な動画編集も可能である。

◇なお、動画編集では（一部有料だが）、簡単にビデオ編集ができるように設計された Microsoft Clipchamp もある。

Column 123 ペイント

ペイントは、画像をトリミングしたり、サイズ変更したり、テキストや図形を追加したりすることができる、シンプルなWindowsのグラフィックス編集アプリである。

以下では、写真の一部を切り取る一方法を説明する。

○ [すべてのアプリ] などから [ペイント] を選択すると、図のような画面になるので、[ファイル]（①）→ [キャンバスにインポート]（②）→ [ファイルから]（③）などで画像を貼り付ける。

◇ または、コピーしていた画像をキャンバス上で [Ctrl + V] で貼り付ける。

◇ 画像が大きく表示されたら、[ズームスライダー]（④）で小さくする。

○ 貼り付けた画像の一部分を選択してコピー（または、切り取り）するときは、[選択した部分]（⑤）をクリックし、左クリックしながら選択したい範囲を囲む。

◇ 選択し損なったら、そのままもう一度、左クリックで選択し直す。

○ うまく選択できたら、画像を右クリックして [コピー]（または [Ctrl + C]）を選択（⑥）する。

◇ ⑤は、既定では四角く選択されるようになっているが、[自由形式] を選び、左クリックしながら選択したい範囲を囲むと、右図の右側ように切り取ることもできる。

○ Macには、プレビューという画像編集アプリがあり、背景の削除やトリミングなどを行うことができる。

Column 124 画像の重なりの変更

Micrisoft Office では、画像は貼り付けられた順、または［文字列の折り返し］を設定した順に重ねて表示される（後から貼り付けたものや、後から［文字列の折り返し］を設定したものが前面に表示される）。

◇右図上では（Word 上で）バッファロー→クマの順に貼り付けたので、クマの画像がバッファローの画像の上に重なって表示されている。

○順を右図下のように変更したいとき（バッファローを前にしたいとき）は、バッファローの画像を選択し（①）［前面へ移動］（②）を選択する。

◇上記のように、Office では「後から貼り付けたものが前面に表示される」ので、前面にしたい画像（たとえば、バッファロー）を一度切り取って、再度貼り付けるという方法もある。

Column 125 アニメーションの軌跡［ユーザー設定］

デジタル紙芝居を作成するときなど、挿入したイラストの動くルートなどを自由に設定したいときがある。そのようなときは、［ユーザー設定］が利用できる。

◇たとえば、右図ではゾウとライオンが走っているように、トコトコ動くように［ユーザー設定］で設定している。

○設定したいイラストなどをクリック（①）し、［アニメーション］→［アニメーションの軌跡］→［ユーザー設定］を選択する。

○始点でクリック（②）し、左クリックしながら動かしたい軌跡を描く。終点でダブルクリックする（③）と、上記のように設定することができる。

Column 126 デジタル紙芝居でキャラクターの腕を振る方法

PowerPointでデジタル紙芝居を作るとき、キャラクターの腕を（人が歩いているときのように）振らせたいという希望を聞くことがある。その場合、腕（①）に［強調］の［スピン］のアニメーションを設定しても図の中心を基準に回転するので思ったように動かない。以下では、このようなときの対処方法の一例を示す。

- ①をコピーして貼り付ける（長方形を追加する）。
- 追加した長方形を右クリックし、［図形の書式設定］を選択する。［図形の書式設定］作業ウィンドウの［図形のオプション］で［塗りつぶしなし］［線なし］にする（②）。
- ①と②を右図のように並べて［グループ化］する。
- ◇ グループ化することで図の中心が（①と②をつなげた）グループの中心になる。
- ［グループ化］した図に［強調］の［スピン］のアニメーションを設定する。
- ［アニメーションウィンドウ］で［スピン］を付けた図の［▼］をクリックし、［効果のオプション］を選択する。
- たとえば、［効果］の［量］や［滑らかに開始］などを右図下のように設定し、［オートリバース］に［✓］を入れる。
- ◇ ［タイミング］で［繰り返し］の回数を設定すれば、求める回数分、腕を振りつづける。

5章 Scratch を用いた プログラミング

ここでは、プログラミング学習環境 Scratch
（https://scratch.mit.edu/）を用いたプログラミ
ングの技法について学ぶ。

Scratch（スクラッチ）

Scratch（スクラッチ）は、学校教育の中で広く活用されているプログラミング学習環境である。米国・マサチューセッツ工科大学のメディアラボという組織が2006年に開発を開始したもので、「イベント駆動型」と呼ばれる特徴を持つプログラムを作成することができる。特に2013年に、Webサイトにアクセスするだけでプログラミングに取り組むことができる「Webアプリケーション」版が公開されてから、世界中で多くの人が利用するようになった。

Scratchは、そのプログラム制作だけにとどまらず、作成したプログラムをインターネットを介して公開し、制作したプログラムを介した多くの人との交流を実現できるコミュニティWebサイトでもある。

Scratch Web サイト

Scratch Web サイト（https://scratch.mit.edu/）は、このインターネット・ブラウザの画面上でプログラミングの作業ができるようになっている。

① **Scratch に参加しよう**…リンクをたどると、Scratch のサイトで使用できるScratch ユーザーアカウントの作成ができる。

② **サインイン**…アカウント作成後、リンクから、ユーザー名・パスワードの入力をしてサインインする。アカウントを作成すると、制作したプログラムが自動保存される機能が使えるほか、制作したプログラムを他者と紹介しあう交流ができるようになる。

③ **作る**…リンクをたどると、プログラム制作のための画面に移行する。

④ **見る**…リンクをたどると、これまでに制作されたプログラムが公開されていて、その閲覧ができる。

5章　Scratchを用いたプログラミング

Scratchの「作る」画面（ユーザーインタフェース）

　Scratch ver.3のWebユーザーインタフェースは、中心的な部分としては、画面左の［ブロックパレット］（①）、画面真ん中の［スクリプトエリア］（②）、そして画面右の動作の様子の確認ができる［ステージ］（③）からなる。この画面で作成するスクリプトや設定などをまとめて［プロジェクト］と呼ぶ。

①**ブロックパレット**…画面左、プログラムを通じて指示できることを示した部品［ブロック］がグループに分かれて表示されている。

②**スクリプトエリア**…画面中央のスクリプトエリアに、ブロックパレットからブロックを選択して配置し、プログラムを記述する。

③**ステージ**…画面右上、プログラムの結果を表示できる画面の役割をしている。「スクラッチキャット」という名前で有名なネコのキャラクターなどの［スプライト］に、プログラムを通じて働きかける形で、スクリプトが示すプログラムが動作する。

④**ファイルメニュー**…プロジェクトは、メニューから操作してファイルとして保存できる。そのほか、Scratchのユーザーアカウントを作ると、制作中は書き換えた都度、プロジェクトを自動保存する機能が利用できる。

⑤**ブロックカテゴリー**…ブロックはカテゴリーで分けられている。ブロックカテゴリーのボタンを選択すると、そのカテゴリーのブロックが表示される。

⑥**スプライトペイン**…ステージの下部には、ステージにあるスプライトの設定を行う画面（⑥）、ステージの背景の設定を行う画面（⑦）がある。

Column 127　プログラム・プログラミング

　「運動会のプログラム」ということばを聞いたら、あなたはどのようなことを思い浮かべるだろうか。たとえば「児童入場」「校長先生挨拶」「選手宣誓」「準備体操」「児童退場」「〇年生リレー」……等と、運動会という行事全体がどのように進行する予定になっているか、その順番が示されたものの

ことだと思われるだろう。参加する人たちが、運動会のプログラムに沿って
グラウンドを移動したり、必要な道具を出してきたり片づけたりすること
で、円滑に運動会が進行する。

また、「運動会のプログラム冊子」といえば、その運動会に来場・参加する
人のために作成された、運動会のプログラムが記載された紙の冊子を思い浮
かべることだろう。その冊子が事前配布されていたら、もしかしたら「荒天
だったときの中止判断や連絡の仕方」が案内されていることもあるだろう。
コンピュータのためのプログラムも、いま説明した運動会のプログラムと、
役割は同じである。[プログラム]とは、いわばコンピュータへの指示書の
ことである。そして[プログラミング]とは、その指示・命令をすることで
ある。なお、プログラミングには、コンピュータがプログラムを受け入れる
ために決められた[プログラミング言語]がある。Scratch はいわばそのプ
ログラミング言語の一種であるとともに、プログラムを記述するための作業
環境、[プログラミング環境]の名前でもある。

コンピュータのプログラムは、どんなプログラムを作りたいかによって、そ
れぞれに向いているプログラミング言語やプログラミング環境がある。効果
的なプログラム、より短い時間で作成できるプログラムなど、目指したい目
的に応じて選ぶことになる。Scratch は、特に幼い子どもがプログラミング
について学習し、プログラミングの体験を積み上げたいという目的に向いて
いるものとして作られた。だが、ある程度プログラミングの経験がある人
が、かなり複雑なアルゴリズムを持ったプログラムを Scratch で作ってい
ることがある。プログラムの全体像を見渡しにくい位のごく大規模なプログ
ラムを組むのには不向きではあるが、凝ったゲームを作る人さえいる。

Column *128* アルゴリズム

ところで、運動会を楽しい行事にするのに、その最初にはもちろん準備体操
が必要であろう。その後、個々の種目をどんな順番で実施するか考慮がなさ
れる。各種目に必要な準備や出場者の入れ替わりを配慮したときに連続でき
ない種目があるかもしれない。また期待される盛り上がりも考慮して、運動
会のプログラムは組まれる。ただしここで、必ず運動会のプログラムは明文
化しないといけない（プログラム冊子をイメージしてほしい）。そうしないと運動
会に集う人だれもが、運動会の進行が分からなくなってしまう。

[アルゴリズム]とは、プログラミングという問題を解くときの、いわば
「解き方」のことである。行事の進行を決定して運動会のプログラムを確定
するように、コンピュータのプログラムを作成するためには、コンピュータ
に行わせる「段取り」を決める。それがアルゴリズムである。

1 つの問題を解くのに、ふつうアルゴリズムは複数ある。運動会で行う種目
やその順番などは、学校の伝統、運動会の開催時期や、その年の出場者の傾

向などを考慮して、きっと毎年違ってよい。つまり段取りの方法はたった1つではない。また、プログラムの実現方法、アルゴリズムは1つではない。「並べ替え（ソート）」を題材にアルゴリズムは多数考え得ることが説明されている。興味があればソートのアルゴリズムを調べてみよう。

ステージのネコを動かす（動きのプログラミング）

まず、ステージのネコのスプライトを動かすプログラムを、下の「作る」の画面から作っていく。

このプログラムでは、ステージにいるネコのスプライトが、画面の中を移動する。

背景の設定

- スプライトペインの右側、[背景] の設定画面から [背景を選ぶ] を選択すると（①）、一覧から背景を変更することができる。方眼や舞台などの背景がある。たとえば [Xy-grid] を選ぶ（②）。
- ◇ 自分で背景の画像を用意してアップロードすることも可能である。

スプライトの配置・位置設定

スプライトは表示位置を設定することができる。

- スプライトペインには、スプライトの一覧が小さな絵（サムネイル）で表示されている。設定をしたいスプライト（ここではネコのスプライト）のサムネイルが紫色になっているとき、そのスプライトに設定を施すことができる。
- スプライトをマウスカーソルで選び移動すると、ステージ上のスプライトの位置を変更することができる。

◇［表示する］（①）はステージのスプライト表示・非表示を設定する。

◇［x］［y］（②）はステージ中央を 0 として横軸・縦軸位置を指定する。ここで、半角数字で［x］を［−150］、［y］を「−50」としてみよう。そうすると、スプライトがステージの左下部に移動することがわかる。

◇［向き］（③）はこのネコのスプライトの場合、上を 0、右を 90 としたときの角度の指定をする。

ブロック選択・配置でプログラミング

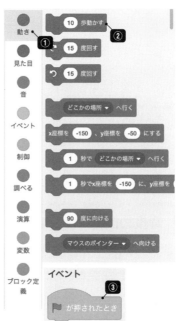

- 画面左部ブロックパレットに、ブロックがカテゴリーに分けて表示されている。
- ［動き］カテゴリーのボタン（①）を選択する。右図は［動き］カテゴリーのブロックの一部である。この［ブロックパレット］にあるブロック（ここでは②）を、この位置から動かしてスクリプトエリアに配置する。

◇［動き］のブロックは、歩数（画面上の座標値）、角度など、キャラクター（スプライト）の動きの設定がある。

- 続けて［イベント］カテゴリーの、［緑の旗が押されたとき］ブロックをスクリプトエリアに配置する（③）。
- スクリプトエリアにブロックを移動し、さらに上下に接続することで（④）、ブロックに記載されたことを順次処理するプログラムとなる。ブロックとブロックを縦につなぐときは、ブロックを選択してお互いのブロックを近づける。

- ◇つないでいたブロックとブロックを離すこともできる。下側のブロックを選択しながらブロックを下に運ぶ操作をすると離れる。

- ［動き］カテゴリー、［(90) 度回す］ブロック（⑤）も用いて、さらにブロックをスクリプトエリアに配置し、右図のようなスクリプトを作る。
- 画面右部［ステージ］は、その左上に緑の旗のボタン（⑥）がある。このボタンが［イベント］となって、プログラムが順次処理されてゆく。

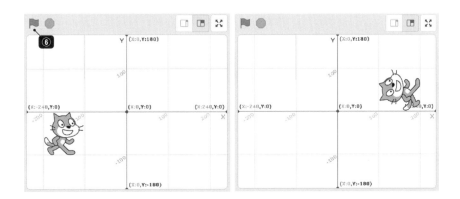

- スクリプトにより、Scratch のステージ上をネコが動く。このスクリプトが処理された結果、緑の旗のボタンを押す前後で、ネコが画面の右上に移動する。画面が示すように、このネコのスプライトの場合は、ネコが見ている向きを前として、［(100) 歩動かす］の数値だけネコが歩いていることになる。
- ◇Scratch の［ステージ］は、このように中央が (0, 0) で、横軸が−240 から 240、縦軸が−180 から 180 の整数で示された座標平面になっている。歩数を指定することで、画面上をスプライトが移動するというプログラムを制作して、動作（実行）させることができたことになる。
- ◇ブロックは、単独で選択して即座にプログラムとして実行することもできる。実行したいブロックを［作る］画面上で選択（クリック・タップ）すると、そのブロックの内容が処理される。たとえば［(10) 歩動かす］［(15) 度回す］のブロックを実行して、スプライトの動きを観察してみよう。

- スプライトペインの設定を変更すると、ネコのスプライトの位置や向きを戻すことができる。
◇ プログラムを変更して、色々な方法で動きを作ってみよう。
◇ プログラムに記した数値を変更することで、動作を変えることができる。前ページの図の①は、ブロックを（300）歩動かす、と数値を変更したことで、ブロックが（100）歩動かすのブロック3つと、同じ動きを作っている。

- 「制御」グループのブロックには、同じ動作を繰り返す【反復】のブロックがある。繰り返し行わせたい処理を「（10）回繰り返す」のブロックで包むように配置する（②）。続けて、数値を「（3）回繰り返す」に変更する。このようにすることでも、（100）歩動かすのブロック3つと同じ動きを作っている。

ファイルでプログラムを保存する・新規作成する

現在までに制作したプロジェクトのプログラムやスプライトなどの設定をファイルに保存できる。

- 画面左上［ファイル］メニューの［コンピューターに保存する］（①）を選択すると、プロジェクトが「.sb3」で終

わるファイル名でコンピュータの［ダウンロード］フォルダに保存される。そのファイルは［コンピューターから読み込む］（②）を選ぶと開くことができる。
- 現在制作しているプロジェクトの作業を終え、新しいプロジェクトの制作をするには、画面左上［ファイル］メニューの［新規］（③）を選択する。

Column 129 プログラムの三要素（順次、分岐、反復）

> プログラムは、コンピュータが処理することがらを、手順を明記することで示す。
> 私たちが見るさまざまなアプリ（アプリケーションソフトウェア）もこのプログラムの積み重ねである。プログラムをより細かくみていくと、プログラムは3つの要素、すなわち「順次」「分岐」「反復」の処理からできている。Scratchのブロックを使って、このプログラムの3つの要素について説明する。

○順次

いちばん単純な構造で、示された処理を順番に実行する。
Scratchの場合は、並べられたブロックの上から下に向かって順番に実行する。

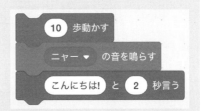

○分岐

順次処理の途中で、示された条件を判断して、その条件に応じて処理を実行する。条件に合致するときだけ処理をする（条件分岐）、判断の結果に応じて処理を選択して実行する（選択）、といった構造をしている。

Scratchの場合は、条件を示すブロックの内容をもとに判断して、判断の後はそれぞれの順次処理を実行する。

○反復

一定の処理を繰り返し実行する構造は、反復処理という。繰り返す処理は、示された条件を判断して、条件に合致している間は反復する、といった構造をしている。繰り返す回数を指定する反復処理では、その回数に達する前は、処理を繰り返すための条件に合致していることになる。判断の後はそれぞれの順次処理を実行する。

この基本的な3つの要素、「順次」「分岐」「反復」の組み合わせで、さまざまなアルゴリズムをプログラムに表していく。現在使われているコンピュータの動作原理においては、どんなアルゴリズムも、この3つの要素の組み合わせでプログラムにすることとなる。

プログラムによる図形の描画

　図形の性質を考えながら、多角形の作図の手順を考える。多角形の作図をプログラムに置き換えてScratchプロジェクトを作成し描画する。

　ネコのスプライトが移動した軌跡に沿って、ペンで線を描画する。結果、正方形など多角形を描くプログラムができる。

◇ 小5算数「円と正多角形」では、「6つの合同な正三角形を並べるとできる形」として正六角形が示される。また、半径に等しく開いたコンパスで円の周りに区切り印を付け、印を直線（線分）でつなぐと正六角形を描くことができるなど、正多角形について考える学習項目がある。

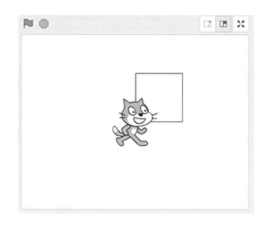

◇ 正多角形は「辺の長さがすべて同じ」「角（内角）の大きさがすべて同じ」である。また、以上2つの性質を使って、規則正しく直線（線分）を順々に引いていけば正多角形が描けることも学ぶ。

◇ そこで、「そのとおりにペンを動かしていけば正多角形が描けるか、ネコを歩かせ、描かせてみよう」等として、図形描画プログラミングに取り組ませることができる。

拡張機能を選ぶ

Scratchでは、プログラミングで常に必要というわけではないブロックは、［作る］の画面に常時表示はせず、［拡張機能］として格納し、表示を抑制している。［作る］の画面に必要なときは、追加して利用する。

● 拡張機能を利用するときには、［作る］画面左下の［拡張機能を選ぶ］ボタン（①）を押し、拡張機能の一覧表示に移動する。

● 一覧から［ペン］の拡張機能を押し選択すると（②）、ステージ上での線の描画に関連するブロックが追加され、以降［作る］画面で使用できる。［ペン］カテゴリーのブロックには、描画の指示に必要な設定等がある（③）。

ペンの描画

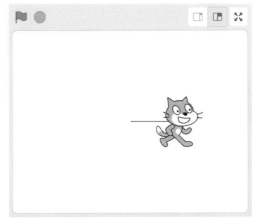

- ブロックを配置してプログラムを制作する。［動き］［イベント］［ペン］のブロックを用いて、次のスクリプトをブロックで制作する。
  - ◇［ペン］カテゴリーのブロックで、スプライトがいわば「ペンを持って使う」ことが指示できる。
  - ◇［ペンを下ろす］以降は、スプライトがステージを移動した軌跡がペンの線になってステージに描かれる。
  - ◇［ペンを上げる］で線の描画が止まる。
  - ◇［全部消す］ブロックで、ステージ上のペンの線が一度すべて消される。
- 緑の旗を押すイベントを起こして、スプライトを動かしてみると、右図のように、スプライトの軌跡に沿って、ステージに線が描かれる。
  - ◇この状態のとき、ペンで描いた線がスプライトの背後に隠れるように描かれている。だから、ネコのスプライトをステージ上で動かし、線から離せば、描かれた線の全体が見られる。
- 一方、［見た目］カテゴリーの［表示する］［隠す］ブロックを使うと、スプライトの表示・非表示を切り替えることができる。
- そこで、図形の描画の冒頭に「表示する」、描画の最後に「隠す」ブロックを追加したスクリプトを制作して実行すると（①）、線を描いた後、スプライトの表示が

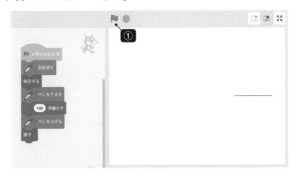

ステージから消えるため、結果、描画した線がスプライトに隠れないようになる。
- 隠してしまったスプライトをステージに再表示したいときは、スプライトペインの設定の［表示する］の項目を操作すればよい。また、ブロックパレット［見た目］カテゴリーの［表示する］ブロックを選択してもよい。

正多角形の描画（正四角形）

ここで、正多角形を描くプログラムを制作する。まず正四角形（正方形）の描画のプログラムを制作する。

- ［動き］ブロックを用い、スプライトの移動、スプライトの回転を繰り返しながら、正方形の辺を順に描く次のスクリプトを制作する。

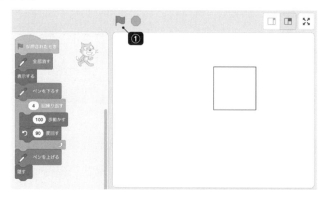

- スクリプトを実行すると（①）、スプライトが表示され、すばやくステージ上を動いたのち、スプライトが隠される。そうして、図に示す正方形がステージに描かれたことが確認できる。

正多角形の描画（正三角形）

ほかの正多角形についてもこの要領で描画に挑む。ここで正三角形の描画を試みる。

- 「正三角形の角（内角）の大きさは60°」であることから、「正三角形を描画」するのをめざして、仮に①のスクリプトを制作したとする（この例では「制御」の「繰り返す」ブロックを用いていない）。
- すると実は、実行した結果は、②の図形が描かれる。
- ◇①のスクリプトには、誤りがある。このミスは多くの人がおかしてしまいがちな、典型的誤りである。どこが誤りであるか、検討してみよう。また、どのような誤りであるといえるかを言葉で説明できるか、試みてみよう。

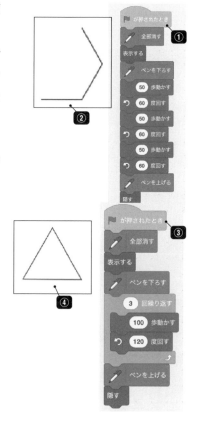

ここで回す角度に注目する。結局スクリプトは③のようになる。

- ［動き］［イベント］［制御］［見た目］［ペン］カテゴリーのブロックを用いて、次

のスクリプトをブロックで制作してから、緑の旗を押すイベントを起こして、スプライトを動かしてみよう（この例では［制御］の［繰り返す］ブロックを用いている）。
- 実行した結果、④の図形が描かれる。正三角形である。
◇ 外角（180°－60°）である［(120)度回す］ことで、ペンが描くはじめの一辺と次の一辺のなす角（内角）は60°になる。これにより、正しく正三角形の図形が描ける。

Column 130 「試行錯誤する」プログラミング学習

プログラミング学習では、ここで例示したように、誤ると「うまくいかない」ことを体験したうえで、それを試行錯誤を通して解消し、記述と結果を対応づけてゆく活動が大事である。

学習の中で、「どんどん間違えてみよう」と挑む取り組みをする。そうすることで、処理の手順をよく考えて結果を見いだす、プログラミングにおける論理的思考を次第に促していくことができる。

前述の例の場合、右を向いていて、進もうとする"ネコの気持ち"になって［回す］の数値をどうするか考えてみよう。取り組んでいる場面で、実際にその場に立って付近を歩いてみるのもよいだろう。

正多角形の描画（ほかのいろいろな正多角形）

小5算数では「正多角形の1つの角の大きさ（内角）」を調べる学習をする。いろいろな正多角形については、次の表の通りになる。ここで「回す角度」とは、「ネコを何度回すとよいか」であり、「外角」のことである。

頂点の数	3	4	5	6	8
角の大きさ	60°	90°	108°	120°	135°
回す角度	120°	90°	72°	60°	45°

これを踏まえると、ほかのいろいろな正多角形を、ここまでと類似したスクリプトで描画できることが分かる。

- たとえば①正六角形、②正八角形の描画であれば、［制御］カテゴリーの［(10)回繰り返す］ブロックを用いることで、図のようなスクリプトを記述することができる。
◇ 数値の条件判断も行って「反復」「分岐」のプログラムを記述したいときには、［演算］グループのブロックも用いることになる。

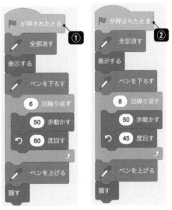

Column 131 繰り返す作業を「反復」で「短く書く」くふう

「制御」カテゴリーのブロックは、「繰り返す」「もし〜なら…、でなければ…」のように、「反復」「分岐」のプログラムを記述するために使うブロックである。

「制御」カテゴリーの「繰り返す」ブロックを使うと、「線を引く」「回す」の一連の作業を、スクリプトを何度も繰り返し置かなくても書き表せる、「反復」の処理ができる。

反復の処理を適切に使うことは、プログラムを短く書くくふうになる。短いプログラムは、処理が相対的に早いほか、そのプログラムが合理的であるという見方もできる。

このように、目的のプログラムを効率のよいものにすることは、合理的な問題解決のために身に付けたい、大切な考え方の一つである。

情報を入出力するしくみと変数

［調べる］カテゴリーの［(〜) と聞いて待つ］ブロック（①）を使うと、ことばや数を入力するしくみが作れる。

ここで使われるしくみは［変数］と呼ばれている。変数は、プログラムの中で使う、「値（あたい）」を入れておくしくみである。

［答え］ブロック（②）は［変数］の一種で、このとき、［答え］という語句はこの変数の変数名と呼ばれる。

［(〜) と聞いて待つ］ブロックで直前に入力された内容が、「値」として入る。変数には一時的に記憶が行われている。

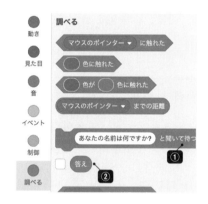

- 次のプログラムは、名前の入力をしてもらい、返事をする例である。キーボードなどで文字入力をしてもらう。その入力内容が、［調べる］カテゴリーの［答え］ブロックに、変数の値として入れられる。

- ［答え］の変数に入れられた値を使って、入力された内容（③）をもとにして、返事を出力している（④）。この例では、［演算］カテゴリーの［(○) と ( )］ブロックも使い、変数［答え］と、それに続ける語句をつないで返事ができた。

Column 132 変数を作る

- プログラムでは、変数を作ることができる。［変数］カテゴリーのブロックで、変数を扱う。変数を作ることで、たとえばプログラムが処理をするたびに、その都度変数の値をあてはめながら、同じ記述のプログラムを用いることができる。
- ［変数を作る］メニュー（①）を選ぶと新しい変数名の変数を作ることができる（②）。
- 変数の値は、［演算］カテゴリーのブロックを使いプログラムの中で用いることができる。たとえば③の例は、［見た目］カテゴリーの［(こんにちは!) と (2) 秒言う］ブロックに、［変数］という変数名のブロックを入れている。プログラムを動かすと［変数］の値が表示される。

拡張機能を利用した高度なプログラム

コンピュータでは、かなり高度で複雑な機能が実現されている。パソコン・スマートフォンに格納されているアプリ（アプリケーション・ソフトウェア）も、私たちはそうした機能を便利に利用している。

実は、こういったアプリの高度な機能を実現するために、そのアプリのプログラムすべてを一から作ることは、いまや必要ではない。いわば、他者が制作したプログラムを一部「借りてきて」、アプリを作るプログラミングができる。このような、プログラムを借りて有効に利用する考え方は、図書館のように［ライブラリ］と呼ばれる。Scratchの「拡張機能」は、あなたが全部のプログラミングをしなくても、ライブラリからプログラムを一部借りてきて作ることのできるプログラミングを実現してくれる。

外国語コミュニケーションを助けるプログラム

拡張機能は、あるプログラムが実現している機能を、別のプログラムから呼び出して利用するしくみだとみることができる。この考え方を、ライブラリと呼ぶ。

◇Scratchの［拡張機能］を選ぶメニューの中には、［音声合成］［翻訳］の拡張機能がある（①）。一般的なコンピュータプログラマー（プログラムの制作者）にとって、音声合成や翻訳といった実に複雑な機構を必要としそうなプログラムを自らの手だけで一から制作することは、きわめて困難なことだろう。しかし、アプリに備えたい機能を、何らかの形で他者が制作してくれていればどうだろうか。その機能を、無償・有償の形で使えることができれば便利なことであろう。Scratchの［拡張機能を選ぶ］の中に入っている拡張機能は、無償で、そういったScratchで作るプログラムの一部になるしくみである。このことで、多彩で複雑なプログラムを作る助けをしてくれる。

◇［翻訳］と［音声合成］の拡張機能を使うと、自分が伝えたい言葉を入力し（②）、自分が知らない外国語をあやつる人に向かって、外

国語の文字と音声にして聞かせる（③）プログラムを作れそうだ。

翻訳・音声合成の「処理の順序」を考える

Scratchで［翻訳］［音声合成］の拡張機能のブロックを使い、機能を実現するプログラムは、どのような順序で伝えたいことばの情報を処理すればよいか。「ことばの情報の処理手順」を考えてみよう。

おおむね、次のような順序になりそうだ。

◇伝えたい言葉を、自分の言語でScratchに知らせる。

◇［翻訳］の拡張機能で、自分が知らない外国語の翻訳結果を得て、コンピュータで表示する。

◇［音声合成］の拡張機能で、その外国語の音声を合成して、コンピュータから音声を出す。

翻訳・音声合成のプログラムを作る

◇右図①は［音声合成］［翻訳］カテゴリーのブロックの一覧である。

［イベント］、［調べる］、［見た目］カテゴリーのブロックを［音声合成］、［翻

訳］カテゴリーのブロックと組み合わせて、スクリプトを制作する（②）。

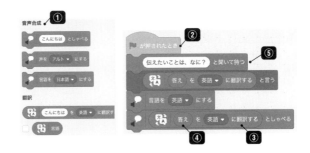

- ［翻訳］カテゴリーの［（こんにちは）を（英語）に翻訳する］ブロック（③）の（こんにちは）の中に、［調べる］カテゴリーの［答え］ブロック（④）をはめこむ。こう当ては

めることで、（こんにちは）の言葉と同様に、スプライトが変数［答え］の値がプログラムに伝わる。さらに［（英語）に翻訳する］とあるので、文字入力された言葉をそのまま言うのではなく、［翻訳］機能拡張で翻訳した言葉を言う。そして、［音声合成］拡張機能で翻訳した言葉を音声にする。これで、⑤「聞いて待つ」のところで文字入力された言葉を、伝えたい外国語の言葉に翻訳して表示・音声合成するプログラムができた。

自販機の硬貨の処理を実現する

次は、自動販売機（自販機）の料金収受の挙動を Scratch で実現してみよう。

現在私たちが便利に用いている自販機は、この料金収受のほかにも、売り切れの処理、釣り銭切れの処理、温度管理など、実にさまざまな処理をコンピュータが実現している。

ここで、あたかも硬貨の処理をする自販機を新規に製造するような気持ちになって、次の順序で考える。

- アルゴリズムを考える。
- 自販機の見た目を考える。
- 新しい変数を作る。
- ボタンの見た目のしかけを作る。
- 料金収受のしくみを作る。

アルゴリズムを考える

金銭の授受は誤りが許されない。ここで、100円きざみの金額の商品を、100円玉だけ投入を受け付けて販売する自販機について考える。自販機はどのように金銭の授受をするだろうか。

次のような順序になりそうである。

- 硬貨が投入されると、1枚ずつ順に受け付け、投入金額を数え上げる。
- 商品の価格まで投入金額を数え上げ、投入金額が価格に到達したら、投入金額を収受して、商品を出す。
- 必要に応じてお釣りを払い戻したりする。

Column 133 アルゴリズムが必要なときは、コンピュータが必要なとき

ところで、100円玉を投入して使うロッカーは、「100円玉を投入した人にだけカギを貸し出す機械」であるとみることもできる。そしてそこにコンピュータは必要としない。いわゆる「カプセルトイ」が出てくる機械も、ロッカーと同様に硬貨を投入すると動くが、コンピュータを必要とはしない。

さらに、コンピュータが広く普及する以前に市中にあった「10円・100円玉を投入できる公衆電話（1972年〜）」はその当時、10円を投入した場合については、「10円でかけられる時間の、10円の枚数ぶん」だけ電話ができた。

100円公衆電話
©Takuya Nakayama
(Wikimedia commons)

しかし、100円については、もちろん「10円でかけられる時間の10倍の時間」だけ電話ができるが、一方で「100円を投入し短時間で通話を終了してもお釣りを戻さない」というルールであった。お釣りが戻らないというのは納得しづらい人もいるかもしれないが、当時はこれを皆が理解し、納得をしたうえで公衆電話を使っていた。

このようにあらかじめしくみや制約を明らかにして、利用者はそれを了解して利用していた。このような、作られた機器が満たしていないといけない要求事項のことを、「仕様（しよう）」という。100円公衆電話が釣り銭を返却しない仕様であっても、その仕様に合意していれば、利用者は100円玉を投入して公衆電話を利用する。

一方、電話の利用時間に応じてお釣りを返却しようとしたら、ここでコンピュータにお釣りの計算のアルゴリズムを備えることが必要となる。お釣りの計算をして釣り銭を返却するプログラムを備える。

自販機の見た目を考える

100円きざみの金額の商品を100円玉だけ受け付けて販売する自販機では、100円玉と商品の受け渡しが必要である。では、自販機の「見た目」に必要なものを検討しよう。

- 100円の投入口が要る。ただしScratchでは本物の硬貨が受け取れないので、

代わりに 100 円玉投入ボタンを設けることにしよう（①）。
- 商品の出口が要る。ただし Scratch で本物の商品が出せないので、代わりにネコのスプライトが「商品をお受け取りください。ありがとうございました。」と言うしくみにしよう（②）。

「100 円玉の投入」動作にあたることを、ステージにボタンを用意して実現する。「100 円ボタン」は、Scratch にスプライトを追加して作る。

- スプライトペインの［スプライトを選ぶ］メニューを選択する（③）。
- 用意されているスプライトの中から、たとえば［Button2］を選ぶ（④）。［スプライトを選ぶ］メニューの操作をすると、スプライトエリアにあるスプライトの一覧に、［スプライト 1］と名付けてあるネコのほかに、［Button2］という項目（⑤）が一覧追加される。
◇ スプライトには［コスチューム］というしくみが備わっている。これは、同じスプライトに異なる見た目が設定できるというしくみである。これを使うと、「ボタンを押したとき」「ボタンを押すのをやめたとき」それぞれをボタンの見た目で切り替えて、私たちにとってボタンが押されたことが分かるように見せることができる。

- スプライトの一覧から［Button2］を選択して、それから画面左上、［コスチューム］のタブ（⑥）を選択すると、スプライト［Button2］には、［Button2-a］と［Button2-b］の 2 つのコスチュームの設定が初めから備わっていることが確認できる（⑦）。100 円ボタンは、このスプライトを、ネコのスプライトと重ならないようにずらして使う。

新しい変数を作る

次に、自販機の内部のしくみを検討する。数値や文字などを記憶しておく場所のことを、プログラミングでは［変数］と呼ぶ。

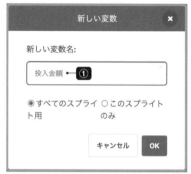

- ［変数］グループのブロックを表示して、画面の［変数を作る］ボタンを押すと、新しく作成したい変数を決めることができる。

さて、何の変数が必要だろうか。ここでは、自販機が預かった［投入金額］と、商品の値段である［価格］の2つの変数を新しく作成する（①）。

◇変数は、プログラムの動きに合わせて逐次、記憶させる数値や文字を変えて使うことになる。100円の商品を、100円玉を受け取ったら販売する自販機であれば、まずは［価格］は100、［投入金額］は0のように設定することになる。

ボタンの見た目のしかけを作る

スプライト［Button2］の2つのコスチュームについて、プログラムで、ボタンのスプライトの動きを作る。ボタンを押すと（100円の投入）ボタンのコスチュームを変えて色が変化し、ボタンを離すと、もとの色に戻す。

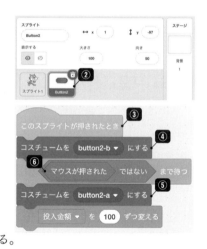

- まず、必ず、スプライトエリアのスプライトの一覧から「Button2」（②）を選ぶ。
- スクリプトを記述する。［イベント］カテゴリーから［このスプライトが押されたとき］ブロック（③）を選んで配置する。
- 次に［見た目］カテゴリーの、スプライトのコスチュームを扱うブロックを使う。［コスチュームを（button2-b）にする］ブロック（④）で、ボタンを押している間はコスチュームを button2-b に変え、ボタンを押すのをやめたときはもとのコスチューム button2-a に戻す（⑤）。
- 次に［制御］カテゴリーの［〈 〉まで待つ］ブロックを配置する（⑥）。［〈 〉まで待つ］ブロックは、ステージやスプライトの動作から判定を行う、条件分岐のブロックである。

さらに、［調べる］カテゴリーの［〈マウスが押された〉］、［演算］カテゴリーの［〈 〉ではない］ブロックも組み合わせると、全部あわせて、一度押した

ボタンが離されたことを判定することができる。
- 以上から、[Button2] スプライトを押されたら、投入金額が 100 円増える全体のプログラムは、図のようになる。スプライトが押されてから、離されたら 100 円投入、という動作になっている。
◇ ブロックの中で左右が 〈　〉 のものは、分岐の処理を行っている。分岐の処理は、結果から何らかの判断を行って、その結果によって動作が異なるプログラムを実現する。ここでいう判断は、たとえば「値が○○以上だ」「選択肢が (a) である」「言葉の中に「学校」の 2 文字がある」など、判断の結果、○か×か（真偽）が決められることを扱う。
◇ [調べる] カテゴリーの [マウスが押された] ブロックは、コンピュータのマウスやトラックパッドが押されるのを判断するブロックである。
◇ [演算] グループの [〈　〉ではない] ブロックは、ある判断の「反対（否定）」の判断をする。
◇ このようにコスチュームを変更することは、ボタンを操作する人にボタンが押されたことを知らせ、自販機が「反応していること」を人に知らせるという大事な意図がある。私たちはこのような「反応」を機器から得ることを日常的に求めているといえる。

料金収受のしくみを作る

投入金額の収受と商品提供を行うプログラムは、ネコのスプライトにスクリプトを記述していくことにする。

- まず、[ステージ] の下部にあるスプライトエリア、スプライトの一覧から、必ず、ネコのスプライトが選ばれていることを確かめる（①）。

- ここで、次のページの図の [変数] カテゴリーの作った変数の一覧を表示して、[価格][投入金額]

のブロックが描かれた左側、チェックボックスにチェックが入っていることを確認する（②）。ここにチェックが入っているとき、ステージにまるで自販機の金額表示のような投入金額・価格の表示が出るようになる（③）。
- 続けて、[イベント] カテゴリーの、[緑の旗ボタンが押されたとき] のブロックから始めて、次ページのスクリプトを書く。

●［変数］カテゴリーのブロックを使って、変数の値を決める。［投入金額］を（0）に、［価格］を（100）にする（④）。

●動作していることが分かるように、最初は、［見た目］カテゴリーの［（　）と言う］ブロックと［制御］カテゴリーの〈　〉まで繰り返す］ブロックで、「いらっしゃいませ」と言うようにする（⑤）。

　100円ボタンが押された後は、どのような動作をすればよいか。まず、先に、ボタンbutton2のスクリプトで、ボタンが押されるたびに［投入金額］が100から順に加算するプログラムができ上がっている。だから、［投入金額］が［価格］を上回るか一致すれば、自販機は商品を提供しなくてはならない。

●［制御］カテゴリーの［〈　〉まで繰り返す］ブロック（⑥）で、［価格］以上の［投入金額］になるまで、お金を受け取ることを記述する。

●投入金額が価格に届くことは、［演算］カテゴリーの、等号・不等号を用いた判定と、［〈　〉または〈　〉］を用いた判定で記述することができる（⑦）。［［価格］以上］を判定するには、等号・不等号を用いた判定を組み合わせ、「一致しているか、または、上回っている」という記述をすることになる。

●［見た目］カテゴリーの［（　）と言う］ブロックを使い、その時点での投入金額を言うことにする（⑧）。［演算］カテゴリーの［（　）と（　）］ブロック、［変数］カテゴリーの［投入金額］ブロックを組み合わせている。

　［投入金額］が［価格］以上になったら、［繰り返す］の動作（⑥）が終わる。この後は商品を受け渡す。

●まず、［見た目］カテゴリーの［（　）と（　）秒言う］ブロック（⑨）で、最終的な投入金額を言う。

●商品の価格だけ、投入金額を差し引く。［演算］カテゴリーの［（　）−（　）］、ひき算のブロック（⑩）で投入金額を差し引く。［変数］カテゴリーのブロックで、変数［投入金額］の数値を変更することを伝えている。

●［（　）と（　）秒言う］ブロック（⑪）で、「商品をお受け取りください。」と言う。

●［（　）と（　）秒言う］ブロック（⑫）で、「ありがとうございました。」と言

う。

◇プログラムを、実際に動作させよう。始動するとプログラムは、①100円玉の投入にあたるボタンが押されるのを待機する。そしてボタンが押されると、②押したボタンが離れたときに投入金額が「100」になって、ネコがその投入金額を言う。続けて、③投入金額が価格の金額だけ収受するので「0」になり「商品をお受け取りください。」と言い商品を渡す。その後、④「ありがとうございました。」と言い、動作が終わる。

動作中に、「投入金額」の表示の変化もみてみよう。

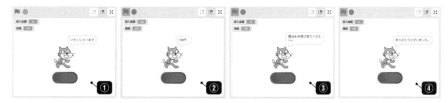

Column 134 タッチタイピング

最近はスマートフォンの普及により、パソコン・タブレットで用いるキーボードでの文字入力操作の機会が少ない人も多い。スマートフォン普及以前と比べて、その当時よりもさらにキーボード操作経験が少ない人もいるようだ。キーボードでの文字入力は、日本語では主に「ローマ字漢字変換」と「かな漢字変換」がある。かな漢字変換はキーの入力量が半分強に減らせるメリットがあるが、現在はローマ字漢字変換の方が一般的に普及している。

ところで、パソコンでのキーボードでの文字入力操作をできるだけ早くするための技能として、タッチタイピングという考え方が知られている。タッチタイピングで大事なのがキーボードの「ホームポジション」である。

タブレットではなく、パソコンのキーボードをよく眺めてみると、「F」と「J」のキーのところだけ、キートップ（キーの文字が印字してある部分）に少しだけ突起や凹凸が付いている。これは「キーボードから目を離していても手触りでFとJのキー位置が分かる」ようにするための工夫で、メーカー問わずこの加工が施されている。

これを次のように活用する。まず「F」に左手人差し指、「J」に右手人差し

指を添える。そして「A」「S」「D」に左手の指、「K」「L」「；（セミコロン）」に右手の指を添え、最後に両手の親指を長い「スペースキー」のあたりに添える。こうして指を配置した状態を「ホームポジション」と呼ぶ。

そして「普段はホームポジションに指を添えて、どのキーを押すときも「ホームポジション」から指を伸ばすように操作する」よう練習する。実はこの練習をすると、今はできなくても、次第にキーボードから目を離してもキーボード操作ができてくるようになる。私たちは鉛筆やペンを持って字を書くときに筆先をいつもジッと見続けてはいない。それと同じように、キーボードから目を離してもパソコンのキーボードの操作はできるというわけである。このホームポジションを意識した文字入力操作の練習には、画面にキーボードの図を表示しながら練習をするのが効果的である。「e-Typing」Webサイトは、画面のキーボードの図に助けてもらいながら文字入力（ローマ字漢字変換、かな漢字変換、英語入力）の練習が無料でできる。タッチタイピングの技能を身に付けるため、繰り返しアクセスしてほしい。

e-Typing https://www.e-typing.ne.jp

Column *135* Scratch を特に小学生（13 歳未満の者）と使うときの留意事項

Scratch を運営するマサチューセッツ工科大学・メディアラボでは、「サインアップ」をして個人を区別するアカウントのプライバシーについて、利用規約やプライバシーポリシーで言及している。またメディアラボは、アカウントを持つ人が幼い子どもであることが Scratch では容易に特定されないことや、幼い子どもの情報を不必要に集めないことを宣言している。

これに限らず、北米を拠点とするインターネットサービスを提供する事業者の多くが、個人で自由にアカウントを作成できる人の年齢を 13 歳以上に限定していることが多い。これは米国では「児童オンラインプライバシー保護法（COPPA）」が適用されるためである。

Scratch の Web サイトは、アカウントの作成をしなくても利用はできる。しかし、作成したプログラムをクラウド保存できないなど不便がある。そこで、先生用アカウントを作成して、その先生の責任で子ども用アカウントを作成するという方法が用意されている。

Scratch の Web サイト「教育者向け Scratch」
https://scratch.mit.edu/educators

Scratch では、教師用アカウントの作成を申請することができる。教師用アカウントを作成し、そのもとで児童生徒用アカウントを作成できることを説明している。このことで、児童生徒のインターネットを介した外部との情報のやり取りの管理を容易にできる。

プログラミング的思考

　このようなプログラミングの学習を通じ、学校教育でどのような力を育んでいきたいのか。

　文部科学省は、「小学校段階における論理的思考力や創造性、問題解決能力等の育成とプログラミング教育に関する有識者会議」を設置し、その有識者会議により、平成28（2016）年6月に「小学校段階におけるプログラミング教育の在り方について（議論の取りまとめ）」が示された（https://www.mext.go.jp/b_menu/shingi/chousa/shotou/122/attach/1372525.htm）。この文書に示されていることを紹介しながら、プログラミングの学習を通じて目指していきたいことについて考える。

　この議論の取りまとめで、次の説明で示されたのが、「プログラミング的思考」という考え方である。

　　　自分が意図する一連の活動を実現するために、どのような動きの組合せが必要であり、一つ一つの動きに対応した記号を、どのように組み合わせたらいいのか、記号の組合せをどのように改善していけば、より意図した活動に近づくのか、といったことを論理的に考えていく力

　プログラミングの学習は、論理的に考えていく力、「論理的思考」との関係がある。

　考えを他者に伝える場面を思い浮かべてみよう。私たちは、考えを論理的に伝えようとするとき、根拠を示して伝える。ここで、その根拠にもいろいろなものがある。たとえば、観察や試料採取、実験で得られたデータ、過去の出来事や史実が残された記録や文書、自身の経験などが挙げられる。ほかには社会調査、たとえばアンケートに代表される量的調査を行って数量化した資料、インタビューに代表される質的調査で得られた結果もそうだ。ときには社会通念と自分が考えていることを示すこともあるだろう。そして、考えを伝えるのにふさわしいと自分が判断する根拠を選び、それに基づいて、伝える。

　私たちが何かしらのことを伝えようとするとき、いろいろな切り口、いろいろな形態をした根拠を伴わせている。こと論理的に伝えようとするとき、私たちは根拠を伴わせるということだ。

　順次・分岐・反復の要素を持つプログラミングの学習を通じて、論理的思考の一部分に注目することができる。だが同時に、プログラミングの学習さえすれば論理的思考力の育成になるのだとは到底言えないことが分かる。論理的思考の全体に対し、プログラミングがそのすべてに関わるのではない。プログラミングによって経験できることは、論理的思考の一部分なのである。学校教育を通じて身に付けていきたい論理的思考力は、さまざまな教科の学習、各種の学校での活動、すなわち教育課程全体を通じて育んでいる。

「プログラミング的思考」に関連して、いわゆるコンピュテーショナル・シンキング（Computational Thinking）の考え方がある（Wing 2015）。

Wing は、数学的思考と工学的思考を組み合わせた、人間の問題解決のための思考法として、「計算論的思考」を示した。Wing は「コンピュータという計算装置を持つことにより、われわれは計算の時代以前には挑戦できなかったような問題を解くのに自らの叡智を使うことができ、新しいシステムを構築することができる」（Wing 2015, p.586）と述べている。私たちはコンピュータが世に登場するずっと前から、論理的思考力を発揮して、論理的思考を行ってきた。また、論理的思考のために私たちは必要な学びを深めていた。そこにさらにコンピュータが登場した。この新たな時代には、新たな挑戦や問題解決のための、新しい視点からの論理的思考力があって、それを「計算論的思考」を通じて焦点化したいというのが、Wing の示したい主張なのだろう。

プログラミング的思考は、コンピュータ科学に強くなるための思考だとみてもよい。コンピュータが活用されている問題解決の場では、必要な手順がある。そしてプログラミングはその必要な手順をコンピュータが受容するための手段なのだ。私たち人間には、コンピュータが活用されている問題解決には、どのような意図があって、何をどう操作したらより意図したものに近づくのかを考えることが必要で、それをプログラミング的思考と呼んでいるのである。

引用文献

Wing, Jeannette M.（中島秀之訳）（2015）「計算論的思考」『情報処理』56(6), pp.584–587.
（Jeannette M. Wing（2006）Computational Thinking. *Communications of the ACM*, 49(3), pp.33–35.）

執筆者一覧

編著者

田畑　忍（たばた・しのぶ）　玉川大学教育学部教授　　はじめに、4 章

太田　直樹（おおた・なおき）　福山市立大学教育学部准教授　　1 章、3 章

著者

魚崎　祐子（うおさき・ゆうこ）　玉川大学教育学部教授　　Mac に関する箇所

丹　洋一（たん・よういち）　宮城学院女子大学教育学部准教授　　3 章

藤谷　哲（ふじたに・さとる）　玉川大学教育学部教授　　5 章

古性　淑子（ふるしょう・よしこ）　横浜美術大学美術学部教授　　2 章

教育・保育現場で役立つ情報科学入門

2025 年 3 月 20 日　初版第 1 刷発行

編著者 ─────── 田畑忍・太田直樹
発行者 ─────── 小原芳明
発行所 ─────── 玉川大学出版部
　　　　　　　　〒 194-8610　東京都町田市玉川学園 6-1-1
　　　　　　　　TEL 042-739-8935　FAX 042-739-8940
　　　　　　　　www.tamagawa-up.jp
　　　　　　　　振替　00180-7-26665
印刷・製本 ─────── 藤原印刷株式会社

乱丁・落丁本はお取り替えいたします。
© Shinobu Tabata, Naoki Ota 2025 Printed in Japan
ISBN978-4-472-40644-7 C3037 / NDC375